라키비웅J BLUE

J
포럼

《휴가》 이명애 글·그림, 모래알(키다리)

《나는 흐른다》 송미경 글, 장선환 그림, 창비

《물고기 씨앗》 이상교 글, 이소영 그림, 한솔수북

마시멜롱
달고 맛있는 노란 열매를 주로 먹는다. 이건 엄청난 비밀인데 마시멜롱은 원래 긴 다리를 가지고 있다고 한다. 춤을 출 때만 보인다고 하니 마시멜롱을 만나면 신나는 노래를 불러 보자!

꼬리 꽃
유쾌하고 용감하다. 친구를 위해 자신을 희생할 줄 아는 따뜻한 마음의 민들레.

나는 누구일까? 정말 궁금하지? 이번 여름 새로 나올 《츠츠츠츠》에서 만나 보자!

수바
몸을 줄이기도 키우기도 하는 능력이 있어 모든 생명들을 보살핀다. 어느 날 날개를 잃고 태양 왕이라 입에서 번쩍이는 빛을 내뿜을 수 있다.

눈호랑이
흥이 많은 호랑이. 먹을 것을 좋아하며, 할머니가 건넨 과일을 먹으면 신이 나서 춤을 춘다. 할머니의 뜨끈뜨끈한 단팥죽을 뒤집어쓰게 된 눈호랑이는 과연 어떻게 될까?

호랑이(누렁이)
식탐이 많은 호랑이. 사실은 겁이 많다. 성격이 고약했지만, 꼬리 꽃을 만나 동물 친구들을 구하며 따뜻한 호랑이가 된다. 시간이 흘러 눈호랑이로 변한다.

팥 할멈
지혜롭고 용감하며, 마음이 따뜻하다. 위기 대처 능력이 뛰어나다. 빨간 두건이 잘 어울린다.

표지 일러스트 ⓒ 이지은

털숭숭이
온순하고 호기심이 많다. 캥거루과이며, 배에 새끼 주머니가 있다. 땅을 파고 지하에서 집을 지어 산다.

라키비움J 블루
ⓒ 전은주, 표유진, 오현수, 이미리, 이시내, 임서연, 정정혜, 하예라

발행일 2024년 7월 15일
발행인 전은주   **편집장** 표유진   **책임 편집** 임서연
기자 오현수, 이미리, 이시내, 하예라
표지 일러스트 이지은
시각 연출 표유진   **디자인** 노현옥
마케팅 이보민, 양혜림, 손아영   **저작권** 임서연
고마운 분들 경혜원, 김혜민, 박주희, 백유연, 이다랑, 이지은, 이희나, 임경희, 임사라, 정정혜, 최현주 외 수록 도서 출판 관계자 모든 분들
고마운 어린이들 공규빈, 김민경, 김사랑, 김세진, 김시온, 김온유, 김은호, 박서하, 박주미, 박주용, 오하검, 오하록, 윤치호, 이수하, 이수호, 이채민, 이하윤, 전가람, 전가온, 함영서

펴낸곳 주식회사 제이포럼
등록일 2020년 10월 29일   **등록번호** 과천, 사00005
주소 (03832)경기도 과천시 별양로 164 711동 2303호(부림동)
전화번호 02-3144-3123   **광고 및 문의** jpbforum1@gmail.com
인스타그램 @larchiveum_j

ISBN 979-11-987104-6-8 04800
ISBN 979-11-975253-0-8(세트)
ISSN 2734-1976

《라키비움J》 블루를 위해 이미지 사용을 허락하고 보내 주신 모든 작가님과 출판사에 감사드립니다.

picture book magazine

LARCHIVEUM J BLUE

> 구만리 인생을 살아갈 어린이들이 자신과
> 세계를 발견하고 긍정할 수 있는 힘을 갖는데
> 나의 그림책이 작은 도움이 되길···

그림책 작가, 이억배

15	발행인의 말
20	슬픔은 파랑? 파랑은 억울해!
34	그림책 작가 백유연의 여름 그리고 파랑
38	이토록 아름다운 바다, 그리고 그림책
48	지구가 보내온 편지
54	길고 긴 여름밤, 옛이야기의 매력 속으로
56	— 옛이야기 그림책 꼭 읽어야 할까?
58	— 책가도에 숨은 우리나라 옛이야기 그림책
60	— 오늘 밤, 우리 집 옛이야기 그림책
62	— 이억배 그리고 옛이야기 그림책
64	— 힙합 추는 호랑이 등장이요! - 박정섭, 이육남 작가 인터뷰
70	— 옛이야기는 계속된다 - 맥 바넷, 존 클라센 작가 인터뷰
72	— 눈물 바다에 풍덩 빠진 옛이야기
78	K-그림책의 그림책 상 황금 수확기! 알고 보면 제맛, 그림책 상 둘러보기
81	오현수가 주목한 그림책 스타, 한국인 최초 칼데콧 명예상 수상 작가 차호윤
92	안데르센 상 수상 작가 시드니 스미스 인터뷰
124	하예라의 음악이 흐르는 그림책
134	그림책 미술관 - 그림책에서 모나리자를 찾아라!

> ··· 그림 그리기를 가장 좋아하는 아이였습니다.
> 친구들과 떨어져 낯설고 아는 이가 아무도 없는
> 곳으로 이사 갔을 때, 그림은 제 상상력을 집중시킬
> 곳을 제공해 주고 피난처도 되어주었습니다.
> 제가 괴물과 로봇, 슈퍼 영웅과 용을 그렸을 때
> 모두 진짜가 되었습니다.

그림책 작가, 시드니 스미스

슬기로운 여름 방학 그림책 탐구생활 — 142

EAT — 144
맛있는 그림책 먹기 — 144
그림책 레시피 — 146

PLAY — 150
그림책 주인공이랑 함께 놀자! — 152
어린이와 함께 그림책을 읽어요 — 160
- 책방누크 김혜민 & 하쿠나마타타 이희나

TRAVEL — 172
형제와 떠난 그림책 여행 — 174
그림책 손에 들고 역사 여행을 떠나자 — 176
50대 중년 부부가 함께 떠난 그림책 여행 — 182
그림책 작가 경혜원의 샤르자 국제 도서전 여행기 — 184
오감 만족 북캉스 — 190

194 **삶의 이야기를 경청하는 시간, 그림책을 펼치다**
196 〈라키비움J〉가 만난 인생들, 지금의 한 문장
198 《100 인생 그림책》하이케 팔러 작가 인터뷰

206 **그림책으로 배우는 삶과 죽음**
그림책으로 꼭 무서운 이야기해야 해요?

208 **다랑쌤의 그림책 육아 상담소**
친구 말에 쉽게 상처받는 아이,
방어 능력을 키워주고 싶어요.

214 **영어 그림책 칼럼**
그림책부터 소설까지, 무너지는 그 경계

216 **그림책 물성 안내서**
바코드

222 **라키비움J 일러스트레이터의 벽**

DEAR READER 2024

독서의 증거를 모으는 시간

발행인 전은주

대학생 딸이 교환 학생으로 유럽에 가 있습니다. 공항에서 배웅을 하고 돌아오는 새벽길, 하늘엔 뜨는 해와 지는 달이 동시에 떠 있었습니다. 신기하고 아름다워 그 장면을 찍어 딸에게 영상 편지를 썼어요.

"꽃님아. 네가 뜨는 해와 지는 달을 함께 두루 볼 수 있는 눈을 키우길 바라는 마음으로 편지를 쓴다. 해가 지면 어쨌든 달이라도 뜬다는 걸 기억하렴. 때론 그 달이 더 아름답다는 것도, 너를 성장시키는 건 주로 그 달이라는 것도 말이야.
유럽에서 너는 그 순간에는 전혀 특별하지 않았는데 돌아온 후, 평생 떠올리게 되는 순간을 많이 갖게 될 거야. 어느 날의 커피, 새벽 공기의 냄새, 코끝이 쨍한 바람, 삐걱대는 소리, 해 지는 어느 순간… 뭐 그런 찰나들 말이야. 그 당시에 가장 중요했던 일들은 오히려 "그랬던가?" 하고 잊혀지더라. 하루하루 완벽하게 보내려고 너무 애쓰지 마라. 너를 탓하지 마라.
그리고 누군가를 돕는 것도 중요하지만, 도와달라고 할 줄도 알아야 한다. 아빠 엄마 아니라도 세상에는 널 도와주려는 사람들이 많단다. 민폐 끼치기 싫다고 혼자 포기하지 말고 주변 어른들에게, 선배에게 도움 요청하고, 자주 물어봐라. 그냥 물어보기만 하는 건, 정말 폐 아니란다. 세상엔 기꺼이 대답해 주고 싶어 하는 사람도 많아. 감사 인사만 잊지 마. 물어보는데 무시하거나, 기분 나빠하면? 너는 오늘 사람 보는 경험치를 +1 한 거야. 내가 도움을 요청할 만한 사람으로 뭘 잘못 봤나 생각해 보고 다음엔 피해 가면 돼. 그런데 단순 거절이라면 나중에 꼭 한 번 더 부탁해. 정말 단순히 타이밍이 안 맞아서 거절했는데 상처 입고 떠나가는 사람 많이 봤어. 나도 많이 떠났었고. 지금은 후회하지.
정해진 돈 안에서 써야 하니 늘 부족할 거야. 이왕이면 뭔가를 사기보다 뭔가를 경험하는데 돈을 쓰기 바란다. 새로운 것 먹어 보고, 어딘가로 가는 차비를 아까워하지 마라. 제일 싼 표 기다리지 말고 제일 유용한 표에 돈을 쓰길.
아 그리고, sns를 하겠다니 기쁘다. 네 소식을 좀 더 자주 듣겠는걸. 멋진 것만 보여 주려 하지 말고, 멋져져 가는 너의 과정을 기록하렴. 제발 1일1피드 해 줘! 너의 하루하루가 궁금해! 원한다면 댓글은 달지 않으마. 사랑해."

그리고 딸의 답장을 받았어요. 정식 답장은 아니고, "엄마 벼룩시장에서 이걸 샀어요."라는 쇼핑 보고였어요. 딸아이는 어린 시절, 우리가 함께 그림책을 읽던 시간마다 썼던 컵과 똑같은 컵을 샀더라고요! 그 컵을 기억하고 산 건 전혀 아니었어요. "어쩐지, 따뜻하게 느껴졌어요. 우리 가족 같았어." 그리고 딸은 몇 권의 그림책 사진을 보내오곤 합니다. "이 책 기억나!" "나, 이 책 읽었어? 왜 이 책 이렇게 느낌이 좋지?" 신기하게도, 읽어 본 책 맞습니다.

아이와 함께 책을 읽은 시간은, 그 책들은 다 잊혀지고 세상 어딘가로 사라진 줄 알았는데 그게 아니었어요. 아이의 머리에 넣어 주고 싶었던 그림책들은 마음속으로, 줄거리가 아니라 느낌으로, 지식이 아니라 추억으로, 사랑으로 스며들었다는 것을 10여 년이 지나 새삼 느끼고 있는 중입니다. 우리의 이별 시간은 우리가 함께 했던 독서의 증거를 모으는 시간입니다.

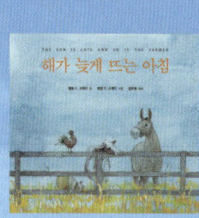

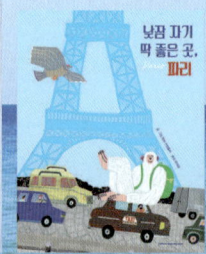

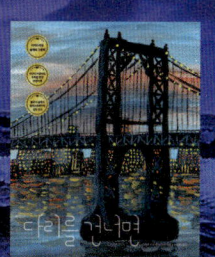
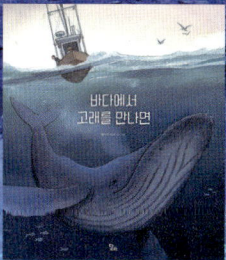
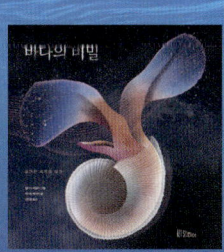

2024 볼로냐 라가치상 코믹스 얼리리더 부문 대상 수상작!

"나무는 자라고 자라서 무엇이 될까요?"

어린나무 한 그루를 품에 안은 엄마와 아이와
귀여운 강아지가 울창한 숲으로 들어섭니다.
엄마와 아이는 햇살 비치는 나무 사이를 느긋하게 걷고,
강아지는 신나게 뛰어다닙니다.
키 큰 나무들을 올려다보던 아이가 엄마에게 묻습니다.
나무는 어떻게 태어나는지, 어린나무도 학교에 가는지,
나무가 얼마나 오래 사는지, 나무는 어떻게 혼자 자라는지…,
파릇파릇 돋아나는 아이의 질문에
엄마는 어떤 대답을 들려줄까요?
그리고 엄마와 아이가 숲을 찾은 이유는 무엇일까요?

촘촘하게 드리운 나무 그늘 아래에서, 빼곡한 식물과
푸른 이끼 사이에서 피어나는 엄마와 아이의 다정하고
유쾌한 이야기에 귀기울여 보세요!

사를 베르베리앙 지음 | 제닝 옮김 | 17,000원

구름이 된 아빠와 보낸 선물 같은 하루.
그리고 가슴에 꼭꼭 묻어 둔 어린 나의 바람과
그리움을 꺼내어 전하는 마지막 인사.

김은비 지음 | 17,000원

전화 031)976-8235 메일 kiwibooks7@gmail.com 인스타그램 kiwibooks7

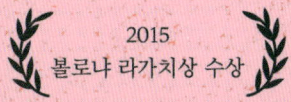 2015 볼로냐 라가치상 수상
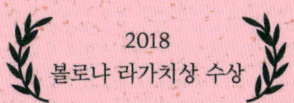 2018 볼로냐 라가치상 수상
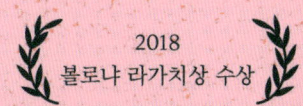 2020 볼로냐 라가치상 수상
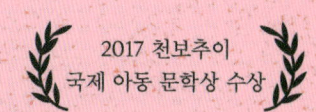 2017 천보추이 국제 아동 문학상 수상

아드리앵 파를랑주의 철학 그림책

빗방울이 땅에 떨어지는 짧은 순간의 사소한 변수들은
하루가 저무는 늦은 오후의 평화로운 풍경을 어떻게 바꾸었을까?
모든 변수가 일으킨 파장의 결말이 담겨 있는 마지막 장면에
독자들은 오랫동안 머물게 될 것입니다.

이 빗방울이 바닥으로 떨어지면
과연 어떤 일이 벌어질까요?

떨어지는 빗방울의 끔찍한 결말

글·그림 아드리앵 파를랑주 | 옮김 문정인

바람 한 점 없이 맑은 날, 길을 걷다 마주한 바람의 감각

바람이 느껴지는 순간을
그래픽으로 그려 낸 감성적인 그림책

언제나 어디에나

김원희 그림책

전화 031-942-5379 | 홈페이지 www.yellowpig.co.kr | 인스타그램 @dalgrimm_pub
달그림은 따뜻한 달빛처럼, 은은한 달그림자처럼 마음을 깨우는 감성 그림책을 선보입니다.

슬픔은 파랑?
파랑은 억울해!

Editor 표유진

어린이를 위한 그림책 추천 목록에서 빠지지 않고 등장하는 주제가 있다. 우리가 느끼는 다양한 감정을 소개하고 이를 다양한 방식으로 보여 주는 일명 감정 그림책이 그것이다. 어린이들은 여러 경험 속에서 다양한 감정을 느끼고 이해한다. 나의 감정을 인식하고 여러 감정을 구분하며 적절하게 표현하는 경험은 자신에 대한 올바른 이해이자 동시에 건강한 사회생활의 시작이다. 감정을 알아야 그에 맞는 올바른 행동을 하고, 타인의 감정도 공감할 수 있기 때문이다. 그러니 어린이가 느낄 수 있는 다양한 감정의 종류와 감정을 표현하는 방법을 다룬 그림책은 어린이와 함께 그림책을 보는 어른들 사이에서 인기가 많을 수밖에!

감정을 상징하는 색깔과 그림책 표현
색을 활용해 감정을 시각화하는 방식은 여러 그림책에서 사용하는 감정 표현 방법 중 하나이다. 대표적으로 아나 예나스의 《컬러 몬스터》를 꼽을 수 있다. 책에는 고유한 색을 가진 몬스터들이 등장하는데, 이들은 즐거움, 분노, 슬픔 등의 감정 이름을 가지고, 감정에 따른 행동 특성을 보인다. 영화 〈인사이드 아웃〉의 주인공들이 떠오르기도 한다. 색이 가진 이미지나 고유의 에너지를 특정 감정에 대입하는 이런 표현 방식은 아이들로 하여금 눈에 보이지 않는 다양한 감정을 이미지화하여 쉽고 생생하게 인식할 수 있도록 돕는다.

그런데 이렇게 색을 활용한 감정 묘사에는 반드시 유의해야 할 점이 있다. 바로 개개인이 색의 이미지를 받아들이거나 만드는 데에는 객관적 사실보다 주관적 경험이 더 중요한 요소가 된다는 것이다. 우리가 지각하는 색은 대체로 긍정적 의미와 부정적 의미를 함께 갖고 있는데, 예를 들어 우울한 파랑과 청량한 파랑, 정열의 빨강과 분노의 빨강, 밝고 귀여운 노랑과 질투와 탐욕의 노랑처럼 말이다. 이런 양면적인 색의 이미지에서 내가 어떤 순간 어떤 분위기 속에서 그 색을 보았는지는 이미지의 결정적 요소가 될 수밖에! 어떤 어린이에게 빨강은 울그락불그락 화난 얼굴이기도 하지만 어떤 어린이에게는 세상 강인하고 멋있는 소방차이기도 하다. 그러니 부정적 이미지로만 묘사되는 색깔들은 얼마나 억울할까?

그중 특히 파랑, 이번 〈라키비움J〉의 주인공인 이 파랑은 단연 억울한 색깔 1위이다. 영어 단어 'BLUE'가 '우울한'이라는 뜻도 갖다 보니 'BLUE MONDAY', 'FEEL BLUE' 같은 표현이 생기고 자연스레 슬픔과 우울의 대명사가 되었기 때문이다. 우울하고 슬픈 파랑을 생각하면 비나 눈물, 깊고 고요한 바다, 창백한 얼굴 등이 연상된다. 피카소가 친구의 죽음을 계기로 그린 슬프고 고통스런 푸른빛의 그림들도 떠오른다. 자연스레 서양의 그림책에서 파랑은 대부분 부정적 감정을 묘사하거나 상징하는데 사용된다. 《컬러 몬스터》 속 파랑 몬스터 역시 슬픔을 모은다. 브리타 테켄트럽의 그림책 《블루와 옐로》에서 가장 깊고 어두운 숲에서 혼자 사는 외로운 새 역시 파랑새다. 앤 부스 글, 데이비드 리치필드 그림의 《슬픔이를 위해 지은 집》에서는 창백한 파란 빛의 '슬픔이'가 등장한다. 여기까지 글을 읽고 '거 봐! 역시 파랑은 우울해.'라고 말을 할 수도 있겠다. 하지만 사정이 조금 다른 파랑들도 있다.

바로 우리나라 그림책 속 파랑들이다. 최숙희 작가의 《네 기분은 어떤 색깔이니?》는 '설레는 노랑, 두근두근 분홍' 같이 색의 이미지를 통해 아이의 기분을 보여 주는 책이다. 이 책에서 두 어린이가 비 온 뒤 맑게 개인 하늘을 올려다보는 장면으로 묘사되고 있는 파랑은 산뜻한 기분을 뜻한다. 뒷모습이기에 아이들의 표정은 보이지 않지만 두 아이가 슬퍼서 울고 있을 거라 상상하는 사람은 아무도 없을 풍경이다.

나은경의 그림책 《나와라 파랑!》에는 신나고 재미난 여름 파랑, 물이 등장한다. 한여름 분수에서 한바탕 물놀이를 하며 주인공 아이가 신이 나 외친다.
"파랑아 놀자! 파랑이 좋아! 파랑이 재밌어!"

또 어떤 파랑이 있을까? 아래는 우리가 그동안 슬프다고만 생각했던 파랑의 그림책 속 여러 모습들이다. 지금 이 순간 여러분은 어떤 파랑에게 조금 더 마음이 가는지, 내 마음의 선택에 집중해 보자.

왼쪽 위에서부터 | 《네 기분은 어떤 색깔이니?》 최숙희 글·그림, 책읽는곰 | 《물고기 씨앗》 이상교 글, 이소영 그림, 한솔수북
《여름이 온다》 이수지 글·그림, 비룡소 | 《세상의 많고 많은 파랑》 로라 바카로 시거 글·그림, 김은영 옮김, 다산기획
《나와라 파랑!》 나은경 글·그림, 향출판사 | 《휴가》 이명애 글·그림, 모래알(키다리)

어린이들과 색으로 감정을 표현한 그림책을 다시 한번 펼쳐 보자.
그림책 《감정 호텔》은 다양한 감정들이 손님으로 찾아오는 호텔의 이야기이다. 이 호텔에는 감정 손님들을 세심하게 살피는 훌륭한 지배인이 있다. 지배인은 감정 손님들의 특징을 파악한 뒤 기분을 조절하거나, 위로하거나, 혹은 공감하는 맞춤형 서비스를 제공한다. 이 그림책에서도 슬픔은 푸른 빛으로 표현되었다. 슬픔이 체크인을 하면 지배인은 커다란 욕조가 있는 방을 내주고, 슬픔이 마음껏 울 수 있도록 조용히 기다린다. 커다란 수건과 넉넉한 휴지도 준비해 둔다. 슬픔의 작은 목소리에 귀 기울이고, 슬

《감정 호텔》 리디아 브란코비치 글·그림, 장미란 옮김, 책읽는곰

픔이 오래 머물러도 불평하지 않는다. 지배인의 이런 행동은 이 책의 진정한 멋짐이다. 어린이들이 감정을 수용하고 표현하고 더불어 조절하는 방법을 자연스럽게 배울 수 있도록 하기 때문이다.

슬픔이 묵는 방에 《네 기분은 어떤 색깔이니?》의 파랑 장면을 액자에 넣어 걸어 주고 싶다. 비록 그림일지라도 푸른 하늘을 가만히 바라보고 있으면 슬픔의 마음도 조금은 편안해지지 않을까?

《세상의 많고 많은 파랑》에는 열여섯 가지 파랑이 등장한다. 이렇게 다채로운 파랑이 있음에도 "파랑은 슬픔이야. 이 파란 병에 너를 슬프게 하는 걸 그려 넣어 봐." 같은 독후 활동은 이제 더 이상 하지 말자. "화가 나서 화산이 폭발하는 그림을 빨간색으로 그려 봐." 라든가 "편안한 마음을 떠올리며 초록색을 칠해 봐." 같은 독후 활동도 이제 그만.
그림책 속 색깔과 감정은 작가가 경험한 색의 느낌일 뿐! 아이들에게 객관식 문제처럼 이 색깔의 감정을 맞춰 보자고 이야기 하기보단 색깔과 관련한 어린이들의 경험을 먼저 들어주자. 그리고 그 경험의 느낌을 함께 나누어 보자. 혹시 모르지 않나. 세상의 많고 많은 파랑에게 저마다의 추억이 담긴 멋진 이름을 지어 주는 어린이 시인이 우리 집에 살고 있을지.

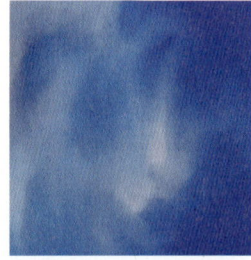

새근새근 한밤 파랑

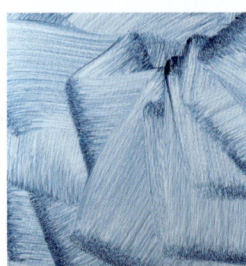

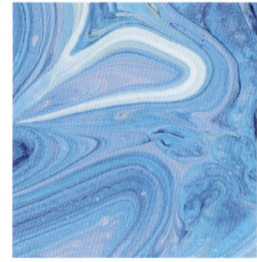

어둠의 밤, 밝은 밤

위의 밤은 행복의 밤,
아래의 밤은 슬픔의 밤이지.
나는 밤에 슬프지도
기쁘지도 않아.

청아초등학교 2학년 이수하 어린이의 그림과 시

왜 너는 이렇게 파랗니?
어느 봄날 아침, 소녀가 하늘에게 물었어요.

왜냐하면 나는 푸른빛 보석과 파란 음표,
수레국화 꽃잎, 공작새 깃털로 되어 있으니까.
가끔 구름이 나를 덮기도 해.
구름의 눈물이 파란색과 뒤섞이면,
회색빛이 되지.

《하늘의 파랑》 마일리 뒤프렌 글, 테레사 아로요 코르코바도 그림, 박정연 옮김, 바둑이하우스

공감 백배 만화 × 센스 만점 스토리

초등 학교 생활 꿀팁과 사회성을 길러 주는 성장 그림책

알쏭달쏭, 싱숭생숭, 가지가지 하는 마음을 해결해 주는 '마음마트'로 놀러 오세요.

자현 글 | 차영경 그림

어린이 힐링 그림책 '마음' 시리즈!

7만 4천 팔로워에게 사랑받는 코우펜짱이 찾아왔다!

느긋하고 상냥한 코우펜짱과 함께 계절의 변화와 생명의 순환을 배워 보아요!

코우펜짱과 여름 친구

루루테아 그림책 | 고향옥 옮김

도서출판 노란돼지 | www.yellowpig.co.kr 인스타 @yellowpig_pub

볼로냐 올해의 일러스트레이터
BIB 황금사과상 수상 작가 노인경 신작!

"아니라고 말하면 왜 안 돼?"

아니사우루스는 뭐든지 '아니'라고
말하기를 좋아하는 작은 공룡이야.
그런데 말이야, '아니'라고 말하는 게
꼭 나쁘기만 한 걸까?
작은 공룡 아니사우루스가 '아니'라는 말로
얼마나 대단한 일을 해냈는지 궁금하지 않니?

아니사우루스
노인경 글·그림
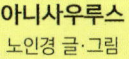

전 세계 그림책 독자의
마음을 사로잡은 그 책!

목소리가 작은 슬픔,
시끄러운 분노,
주목받기 좋아하는 불안,
호텔이 조용해지면 찾아오는 평화까지…

**오늘은 또 어떤 감정이
여러분의 감정 호텔에 머무르고 있나요?**

감정 호텔
리디아 브란코비치 글·그림 | 장미란 옮김

홈페이지 www.bearbooks.co.kr
SNS Instagram@bearbooks_publishers

커다란 파란 집에 여름이 왔어요.
풀벌레가 노래하고
빨랫줄에 널린 옷이 바람에 부풀고
아이들은 냇가에서 개구리를 쫓아요.
민들레 꽃씨처럼 흩어지는 아이들 소리
들어 봐요, 까르르 웃고 외치는 소리

《파란 집에 여름이 왔어요》 케이트 뱅크스 글, 게오르크 할렌슬레벤 그림, 이상희 옮김, 보림

백유연 | 말괄량이 반려묘 써니와 함께 살며, 즐겁게 그림책 작업을 하고 있어요. 쓰고 그린 책으로 《벚꽃 팝콘》, 《낙엽 스낵》, 《식빵집》, 《오리털 홀씨》 등이 있습니다.

그림책 작가 백유연의 여름 그리고 파랑

여름만큼 파란색이 빛나는 계절이 있을까?
따가운 태양 아래 둥실둥실 튜브, 출렁이는 파도.
뜨겁게 달아오른 아스팔트 바닥에 뿌려지던 고무호스에 물방울.
동네 슈퍼마켓에서 사 먹던 달달한 캔디바.
갑자기 쏟아진 소나기에 친구들과 우산도 없이 깔깔대고 뛰며 시원하게 맞던 빗줄기.
밤까지 식지 않는 더위를 피해 할머니 댁 툇마루에 모기향을 피워 놓고 올려다보던
반짝반짝 별들이 콕콕 박힌 여름밤 하늘.
모두 그림을 그려 색으로 칠한다면 파란색일 것이다.
(안 에르보는 《바람은 보이지 않아》라는 책을 썼지만,)
나에게 풀 내음 머금은 상쾌한 여름 바람을 색으로 표현하라면 그 역시 파란색일 것이다.
무더위가 사람을 지치고 힘들게 하는 만큼, 파란색이 주는 청량함은 타는 듯한 갈증에 달게 마시는
차가운 물만큼이나 귀하다.
나에게 파랑은 깨끗한 하늘, 차분한 밤, 낙천적인 희망, 산뜻한 기분,
경쾌한 웃음의 상징 색이다.
그런데 내 삶에서 파랑이 점점 사라지고 있다.
해수욕장에 가서 물놀이할 시간도 없고, 끈적한 아스팔트 바닥을 피해 에어컨 건물 속으로 재빨리
숨어 버리기에 바쁘다. 아이스크림만 먹어도 행복해 하기엔 걱정도 생각도 많아진 거 같다.
갑자기 쏟아지는 비를 그냥 맞는다면? 웃음은커녕 짜증부터 날 것 같다.
상상만 해도 싫다. 별이 보이지 않는 서울의 밤하늘은 파랗게 보이지 않는다.
지구 온난화로 북극 빙하가 사라지는 만큼, 내 안의 파랑도 점점 녹아 어딘가로 사라져
버린 걸지도 모르겠다.
파란 세상 그리고 파란 마음이 그 어느 때보다 소중하게 느껴지는 요즘이다.
시간도 여유도 없다는 핑계로 게으름을 피우는 나에게 가장 쉬운 방법으로 파랑을 찾아본다면
역시 그림책이다. 그림책이 만들어 주는 파란 세상은 가장 좋은 피서지일 것이다.
가뭄에 메말라 가는 마음을 어떤 파랑으로 채워갈지 잘 생각해 봐야겠다.
올여름, 파란 시간[1] 그쯤 내 마음속에 파란 집[2]을 짓고 상상 속 누군가가 찾아 주기를 설레는 마음으로
기대해 본다.

1) 《파란 시간을 아세요?》 안 에르보 글·그림 (국내 출간 도서 헌재 절판/원제 《L'Heure Vide》)
2) 《파란 집에 여름이 왔어요》 케이트 뱅크스 글, 게오르크 할렌슬레벤 그림, 이상희 옮김, 보림

자연이 주는
영감은 결코
부족할 일이 없다.

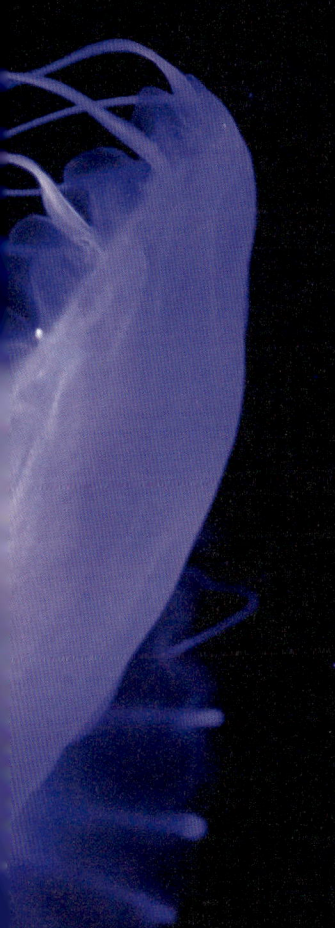

이토록 아름다운 바다, 그리고 그림책

Editor 하예라, 표유진

아이에게 바다는 두려운 미지의 세계이면서도 동시에 알아내고 싶은 호기심의 대상이다. 처음으로 밟아 본 모래의 까슬기림, 맨발 위로 덮친 파도에서 느껴지는 차가움, 파도에 밀려온 작은 게가 잔걸음으로 기어가는 모습, 바다 위를 반짝이는 햇살. 아이는 온몸으로 바다를 배운다. 아름다운 바다를 눈으로 담은 아이에게 논픽션 그림책으로 다시 바다를 만나는 기회를 주자. 상상조차 할 수 없을 만큼 넓고 깊은 곳, 우리가 한 번도 가 보지 못한 바닷속까지 마음껏 헤엄치며 만날 수 있도록 말이다.

논픽션 그림책, 다양한 관점! 흥미로운 세계! 아름다운 지식!

여러분은 방금 "엄마, 바다에는 누가 살아?"라는 아이의 질문에 바다 생물에 관한 책을 한 권 구입해야겠다고 마음을 먹었다. 이왕이면 많은 바다 생물이 나왔으면 좋겠고, 생김새도 잘 보였으면 좋겠다. 이런 마음으로 서점을 갔더니 두 가지 선택지가 있다. 실제 바다 생물의 모습을 사진으로 찍어 구성한 책. 다른 하나는 실제 모습을 잘 살린 그림으로 구성된 책. 여러분은 어떤 책을 선택하겠나? 필자의 선택은 '아름답게 잘 그려진 그림'으로 구성된 논픽션 그림책이다.

그림책 작가를 양성하는 기관 '그림책상상 그림책학교'에서는 논픽션 그림책을 과학적 사실이나 역사적 사실과 같이 기존에 입증된 자료를 작가가 창의적으로 구성하거나 재해석하여 새롭게 글과 그림으로 연출하는 방식의 그림책이라 이야기한다. 기존에 밝혀진 사실이나 정보를 단순히 나열하는 것이 아니라 작가의 관점에 따라 다양한 방식으로 지식을 보여 주는 것이다. 때문에 같은 주제라도 작가들의 다양한 시선이 존재할 수 있다.

어쩌면 여러분은 지금 '바다 생물을 찾아보는 데 다양한 시선까지 필요할까?' 하고 반문할지도 모르겠다. 또 지식을 전달하는 데에 있는 그대로의 모습을 객관적으로 담는 사진이야 말로 가장 정확한 자료라고 생각할 수도 있겠다. 하지만 '혹등고래, 갈라파고스땅거북, 황금해파리 끝!'이 아니라 '이렇게 깊은 바다에 사는 생물들의 생김새를 누가 어떻게 알게 된 걸까? 지구의 바다는 모두 이어져 있는데 왜 특정 바다에만 사는 생물들이 있을까? 아직 우리가 발견하지 못한 바다 생물은 어떤 모습일까?' 같은 질문을 아이가 하게 된다면? 여러분의 생각은 달라질 것이다. 바로 이 지점에서 논픽션 그림책을 추천한다. 정보의 정확성과 예술적 완성도가 높은 논픽션 그림책은 어린이의 생각을 확장하고 창의성의 발현을 돕는다.

잘 만들어진 논픽션 그림책은 작가가 가진 관점을 통해 하나의 사물을 다양한 방식으로 바라볼 수 있는 통찰력을 키워 준다. 정보를 가장 잘 이해할 수 있도록 선택된 장면을 그림으로 보여 주기 때문에 무엇보다 쉽게 지식을 이해할 수 있

《지구 수족관》 알렉산더 코프먼 글, 마리아나 호드리게스 그림, 김명남 옮김, 보림

여주고 싶은 부분을 선택하여 작가가 원하는 정서로 표현할 수 있다. 때문에 잘 만들어진 논픽션 그림책은 무척 아름답다. 우리는 아름다운 것에 끌리기 마련이다. 자연스레 아름다운 논픽션 그림책들은 독자의 흥미와 관심을 끄는데도 효과적이다. 조개껍데기의 무늬들을 알려주는데 자세히 볼 수 있도록 확대하고, 가지런하고 세련되게 배치하여 '나도 해변에 가면 예쁜 조개껍데기를 모아야지!' 하고 감탄하게 만드는 것처럼 말이다. 깊이 있는 지식을 탐구하기 위해서는 우선 흥미가 생겨야 한다. 그 시작을 논픽션 그림책이 톡톡히 해 주는 것이다.

그럼 논픽션 그림책을 보기에 적당한 때는 언제일까? 보통 아름다운 그림이 있어도 글도 꽤 많고, 어려운 용어도 제법 나오는 논픽션 그림책을 보면 초등학교 이상의 어린이를 위한 책이라고 생각하기 쉽다. 하지만 논픽션 그림책의 그림은 책이 알려주고 싶은 중요한 내용이 가장 효율적으로 구현된 장면이라는 걸 잊지 말자. 그림을 읽을 수 있다면 어린아이들도 아름다운 논픽션 그림책을 한참 동안 볼 수 있다. 영유아도 심미적으로 아름다운 것에 끌리기 마련이다. 물론 글을 다 읽고 이해하는데는 오랜 시간이 걸리겠지만 그림을 보는 것만으로도 우리는 많은 것을 알게 된다.

초등학생과 논픽션 그림책을 볼 때도 마찬가지다. 처음부터 끝까지 자세하게 읽지 않아도 된다. 휘리릭 책장을 넘기다가 눈에 들어오는 페이지를 '보면' 된다. 세밀하게 그려진 그림을 보며 아이는 관찰력과 표현력을 기른다. 당장은 글을 읽지 않아도 된다. 두 번 세 번 읽다가 궁금해지면 그때 읽어도 괜찮다. 안 읽으면 어떤가. 꽂히는 그림 하나만 걸려도 성공이다. 불멍, 물멍 하듯이 그림멍을 할 수 있는 책이 바로 논픽션 그림책이다. 그렇기에 곁에 두어야 하는 책이 바로 논픽션 그림책이기도 하다. 다른 책은 빌려 봐도 아름다운 논픽션 그림책은 소장하면 좋겠다.

그럼 지금부터는 뜨거운 여름, 집에서도 바다를 감상할 수 있는 아름다운 논픽션 그림책을 소개한다. 바다에 직접 들고 가면 좋은 책도 소개한다. 얼른 다음 장으로 가 보자.

《바다 박물관》 러브데이 트리닉 글, 티건 화이트 그림, 이한음 옮김, 비룡소
'내 책상 위 자연사 박물관'이라는 소개답게 바다에서 살아가는 생물 200여 종을 서식 환경별로 분류별로 보여준다. 커다란 판형에 사실적이고 아름다운 세밀화로 다채로운 바다 생물들과 바다 생태계를 보여주는 해양 도감이다. 목차의 구성 역시 1전시실부터 9전시실까지 박물관 구성으로 되어 있다.

《지구 수족관》 알렉산더 코프먼 글, 마리아나 호드리게스 그림, 김명남 옮김, 보림
400도의 뜨거운 물이 솟는 에콰도르의 갈라파고스 열곡, 짠물과 민물이 섞인 곳에 만들어진 태국의 맹그로브 숲, 세계 최대 산호초인 그레이트배리어리프 등 전 세계 15곳의 경이로운 물속 환경과 수생 생태계를 아름다운 그림으로 소개한다. 각 생태계의 독특한 동물, 식물, 미생물에 대한 설명도 빼놓지 않는다. 그림 도감과 백과사전을 한 권에 담은 1+1 구성이 만족스럽다.

《깊이깊이 바닷속으로 해저 탐험》 샤를로트 길랑 글, 조 엠프슨 그림, 장혜진 옮김, 키다리
바닷속 세상에서는 무슨 일이 벌어질까? 모두 펼치면 앞뒤 길이가 6미터나 되는 아코디언 책이다. 책을 길게 늘어뜨리고 수심 11,000미터의 어두운 바다 밑 해구까지 탐험한 뒤, 다시 수면 위로 올라오면서 바다 생물들을 만나 보자.

올여름 해변에 간다면!

《조개는 왜 껍데기가 있을까?》 멜리사 스튜어트 글, 세라 S.브래넌 그림, 김아림 옮김, 다섯수레
바다에서 이것저것 주워 온 아이가 던지는 질문! "이건 뭐야? 이건 왜 이래?" 그때 이 책을 꺼내자. 앵무조개는 잠수함처럼 물에서 떴다 잠겼다 하며 움직이고, 나사고둥은 나사처럼 빙빙 비틀린 모양의 껍데기 덕분에 닻처럼 물속 바닥에 가만히 머무를 수 있다. "조개는 왜 껍데기가 있어?"라는 질문에 "잠자려고."라는 답밖에 할 수 없었다면 이 책을 함께 읽자. 책을 읽고 다시 바다에 간 아이는 스스로 해답을 찾을 궁리를 하고 관찰을 시작하게 될 것이다.

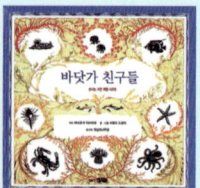

《바닷가 친구들》 시모다 도모미 글·그림, 햇살과나무꾼 옮김, 바다출판사
바닷가 주변에는 어떤 곳이 있을까? 또 바다에는 어떤 생물들이 있을까? 해변에 가서 안전하고 즐겁게 관찰하는 방법을 바다거북에게 배운다. 바닷가 바위, 조수 웅덩이, 얕은 바닷물에 사는 생물들의 세밀화는 물론 어떻게 하면 바닷가에서 재미있게 놀 수 있는지 계획 세우기, 옷차림, 준비물까지 알려주는 센스가 돋보이는 책이다. 아이와 함께 바다에 갈 계획이라면 일단 장바구니에 담을 것!

바다를 사랑한 사람들

아름다운 논픽션 그림책을 통해 바다에 대한 호기심을 기르고, 아름다움에 눈을 떴다면! 직접 바다에 가서 생물을 관찰하며 친근함을 갖게 되었다면! 바다를 아끼고 사랑하는 세 사람의 이야기를 그림책을 통해 만나 보자. 과학적 호기심에서 시작해 바다의 진짜 모습을 탐구하기 위해 일생을 바친 사람들. 이들이 바다를 사랑하고 아끼는 모습은 우리 아이들에게 감동과 영감을 줄 것이다.

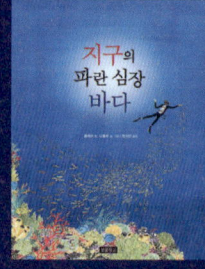

《지구의 파란 심장 바다》
클레어 A. 니볼라 글·그림,
원지인 옮김, 보물창고

실비아 얼

"인류 사상 처음으로 바다 밑 381m에서 걷는 일은, 암스트롱이 처음 달에서 걸은 것과 같은 느낌일 거라고 생각했지요." 실비아 얼은 인류 최초로 아무도 밟지 않은 깊이의 바다 밑을 걸은 여성 해양 학자이다. 100여 곳 이상에서 7,500시간이 넘는 수중 탐험을 하며 해양 생태계 보전과 심해 탐험에 평생을 바쳤다. 그녀는 12살에 청록빛의 따뜻하고 잔잔한 멕시코만을 보자마자 바다에 마음을 빼앗겼다고 한다. 12살 소녀 실비아가 세계 최고의 해양학자가 되기까지의 과정과 아름다운 바닷속 생명체들과 교감하는 장면을 만나고 싶다면 《지구의 파란 심장 바다》를 펼쳐 보자!

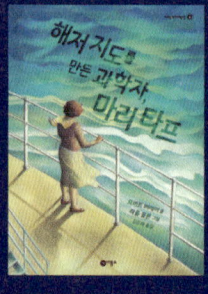

《해저 지도를 만든 과학자, 마리 타프》
로버트 버레이 글, 라울 콜론 그림, 김은하 옮김, 비룡소

마리 타프

세계 최초로 해저 지도를 만든 여성 해양 지질학자 마리 타프는 당시 남성의 몫으로만 여겨졌던 분야에서 많은 제약이 있었음에도 불구하고 열정을 다해 활약하며 20세기 가장 중요한 과학자 중 한 명이 되었다. 《해저 지도를 만든 과학자, 마리 타프》를 통해 마리 타프의 생애뿐 아니라 지구 표면이 움직인다는 '대륙 이동설', '판 구조론'이 사실로 밝혀지는 과정을 알아보자. 지도나 지구에 대해 배울 때 초등 교과 연계 도서로 읽기 좋다.

자크 쿠스토

생명의 바다를 기록한 최초의 해저 탐험가, 자크 쿠스토. 수중 호흡기 애퀄렁을 발명해 깊은 바닷속에 가장 처음 들어간 탐험가로 세계 곳곳의 해양을 탐사하며 책과 영화, 다큐멘터리를 제작해 인류에게 바다를 알렸다. 바다 생물 연구와 바다 환경 운동가로서 인생을 바친 그의 이야기는 《캡틴 쿠스토》를 통해 만나자. 쉬운 언어와 아름다운 그림으로 그의 이야기를 담았다. 물 위와 아래를 나누는 화면 분할이나 필름 프레임 구성, 깊은 바다를 표현하기 위한 펼친 면 등 그림책이 만들어 내는 다양한 효과도 놓치지 않았다.

《캡틴 쿠스토》
제니퍼 번 글, 에릭 퓌바레 그림, 유범희 옮김, 문학동네

《엄마의 노래》 이태강 글·그림, 달그림

SAY NO to PLASTIC

친구들아, 너희에게 하고 싶은 이야기가 있어.
너희는 날 플라스틱으로 뒤덮고 있어!
하지만 걱정하지 않아. 너희가 날 도와줄 거라고 믿어!

《지구가 보내온 편지 : 플라스틱 이야기》 몰리 블룸, 마크 산체스,
샌든 토튼 글, 마이크 오르단 그림, 이유림 옮김, 에듀앤테크

영원한 우리의 친구 지구가 어린이들에게 도움을 요청하는 편지를 보내왔다. 지구를 뒤덮는 플라스틱 쓰레기 때문에 너무나 고통스러운 지구. 지구의 편지를 읽은 어린이들은 어떤 생각을 할까? 아이들이 지구에게 보내는 답장을 함께 읽자. 그리고 지구를 위해 함께 행동하자!

지구에게

안녕 너는 나를 많이 도와주었구나.
그러니 나도 너를 도와줄게. 그러니 플라스틱 줍기,
재활용 하기, 재사용 하기 등을 할게.
그리고 내가 너를 청소할게.

왕북초등학교 은호가

지구에게

지구야, 안녕. 나는 이하윤이야.
지구야 좋은 소식이 있어.
그게 뭐냐면, 바로 사람들이 점점 더 널 도와
연구하고 있다는 거야!
넌 더 이상 병이 깊어지지 않았으면 좋겠어.
난 니가 좋아.
그래서 너를 위해 더 노력할게.
지구야 잘 지내.

오금초등학교 하윤이가

지구에게

안녕? 난 지금 지구를 위해 어린이가 할 수 있는 일들을
실천하고 있는 박서하야.
난 너, 지구가 정말 고마워. 내가 땅 위를 거닐게 해 줘서 말이야.
난 지금 플라스틱 쓰레기를 재활용하기를 실천하고 있어.
난 지구를 사랑해. 바로 이 편지를 보고 있는 행성 말이야.
다시 한번 말하지만 지구야, 난 너를 사랑해!

위례별초등학교 서하가

지구에게

우리가 친환경을 꼭 지킬게!
지구 너도 우리를 도와줬으니 이제 우리도 보답을 할게. 기다려!

광장초등학교 오하록 씀

지구에게

안녕. 나는 너를 도와주려고 노력하고 있어.
플라스틱을 쓰고는 있지만 그만 쓰려고 노력하고 있어.
난 너를 꼭 웃게 만들고 싶어. 빨리빨리 쓰레기 주워서
재활용할게. 좀 오래 걸리겠지만 좀만 기다려.
플라스틱을 좀 그만 써 볼게.

버들초등학교 세진이가

지구야, 니 편지 잘 받았어.
우리 사람들이 널 아프게 만들어서 미안해.
난 지구를 지키는 미션을 꾸준히 실천하고 있어.
앞으로도 열심히 할 테니까 넌 깨끗해지기만 하면 돼.
아차차차차차! 이건 니가 또 뺑글뺑글 돌 소식인데,
과학자들이 80~81일 만에 썩는 플라스틱을 개발했대!
언제까지나! 우리 힘내자!
지구야! 사랑해!

중대초등학교 수호가

지구야, 나에게 편지를 보내 줘서 고마워.
지구야, 너의 이야기를 알려줘서 고마워!
지구야, 네가 알려준 비법을 열심히 실천해 볼게.

나의 친구 지구에게 마천초등학교 치호가

《지구의 일》 김용택 글, 연수 그림, 바우솔 | 《지구의 시》 하비에르 루이스 타보아다 글, 미렌 아시아인 로라 그림, 김정하 옮김, 나무의말 | 《내 친구 지구》 패트리샤 매클라클랜 글, 프란체스카 산나 그림, 김지은 옮김, 미디어창비 | 《지구에 온 너에게》 소피 블랙올 글·그림, 정회성 옮김, 비룡소

어떻게 저렇게 아름답지?

판타스틱! 놀라운 예술이야.

나 지구랑 친구 하고 싶어.

그림책 숲
밥 길의 철학 그림책

강아지와 이야기를 나눌 수 있는 **멍멍 통역기** QR 코드가 들어 있어요!

자연과의 조화를 모색하고, 폭력과 전쟁이 만연한 오늘날 평화의 메시지를 전하는 철학 그림책

브와포레

브와포레　전화 02-517-9630　이메일 boisforet99@gmail.com　인스타그램 @bforet00　웹사이트 boisforetmedia.com

길고 긴 여름밤,
옛이야기의 매력 속으로

- 눈물 바다에 퐁당 빠진 옛이야기
- 옛이야기는 계속된다
- 힙합 추는 호랑이 등장이요
- 이억배 그리고 옛이야기 그림책
- 오늘 밤, 우리 집 옛이야기 그림책
- 책가도에 숨은 우리나라 옛이야기 그림책
- 옛이야기 그림책 꼭 읽어야 할까?

옛이야기 그림책 꼭 읽어야 할까?

Editor 전은주
본지 발행인. 《웰컴 투 그림책 육아》, 《영어 그림책의 기적》, 《맥주도 참을 만큼 너를 사랑하니까》의 저자

보소. '옛이야기'라고 하면 무슨 생각이 제일 먼저 생각납니꺼? '콩쥐 팥쥐', '선녀와 나무꾼' 이런 옛이야기요. 요즘 얼라들은 잘 모른다 카대요. 원래 옛이야기는 할매 할배가 얼라들 잠자리에 눕히 놓고 말로 해 주는 게 제맛인데 그럴 기회도 별로 없고, 그림책으로 읽어 주는 것도 요새는 별로 유행이 아니라 맨서요. 오죽하면 '옛날 옛적에 호랑이 담배 피우던 시절에'라는 표현도 낯설어한다 카대요. 그런데 왜 하필 '옛날 옛적 호랑이 담배 피우던 시절에'란 말로 시작하게요? 두 가지 썰이 있는데 첫 번째는, 세상에 호랑이가 우째 담배를 피우겠어요? 옛날 옛적에 호랑이가 담배를 피웠는지 안 피웠는지 아는 사람이 하나도 없을 만큼 오래전 이야기, 그때를 상상하면서 나온 이야기라는 거죠. 두 번째는 '호랑이 담배 피우던 시절'이 아니라 '호랑이 담배 먹던 시절'이라는 맞는 말이라는 주장이라요. 호랑이가 담배는 못 피워도 담뱃잎은 뜯어 먹을 수 있거든요. 호랑이 할배쯤 되는 동물이 이 땅에 나타나서 풀 뜯어 먹었던 시절 이야기라는 거지요. 조선시대 말 민화에 보면 호랑이가 담뱃대를 물고 있는 모습이 있는데, 이때 옛이야기들이 고전 소설로 많이 기록되면서 민화랑 영향을 주고받았다는 설명도 있습디다.

어쨌든 옛이야기가 얼매나 재밌는데, 왜 얼라들한테 잘 안 해 줍니꺼? 혹시 알고 보면 무섭고 잔혹하다는 소문에 아이들에게 이야기해 주고, 읽어 주는 걸 꺼려하는 건 아닙니꺼? 벌주느라 팥쥐를 젓갈로 만들어 팥쥐 엄마한테 보냈더만 팥쥐 엄마가 충격 받아서 콱 죽었다 뭐 이런 얘기가 있기는 하지요. 근데 그거는 옛이야기가 20세기 초에 고전 소설 '콩쥐팥쥐전'으로 쓰여지면서 껴든 거고, 더 옛날 구전 민담에서는 그런 부분 없다 카대요. 원래 옛이야기가 입에서 입으로 전해지는 거다 보니까 이 동네 할매 얘기 다르고, 저 동네 할매 얘기 달라요. 서양 옛이야기도 마찬가지라요. '빨간 모자'만 봐도 프랑스 사람 샤를 페로가 기록한 거랑 독일에 그림 형제가 기록한 거랑 내용이 다릅니다. 페로가 기록한 페로동화에서는 빨간 모자가 늑대한테 잡아먹히고 끝납니다. 봐라. 길에서 낯선 늑대하고 이야기하고 그라마 죽는다! 이런 교훈을 딱 주지요. 하지만 백 년쯤 시간이 지난 후에는 사람들 생각도 바뀝니다. 빨간 모자랑 할머니가 잡아먹혔는데, 지나가던 나무꾼이 구해 주잖아요. 또 시간이 더 지나면 빨간 모자랑 할머니가 늑대한테 잡아먹히지 않고, 둘이 힘을 합쳐서 늑대를 잡아 죽이는 이야기로 바뀐다 아입니까. 비슷한 거 같아도 이야기는 시간 지나고 상황 바뀌면 조금씩 달라집니다. 살아 움직이는 거라요.

이렇게 이야기 버전이 많다 보면 무서운 게 왜 없겠심까? 근데 옛이야기에 무서운 부분이 있다 해도 어른들 생각에 "와따. 얼라들 겁 묵겠다" 싶은 거지 구체적으로 어떤 게 잔인한 건지 죽음이 뭔지 잘 모르는 얼라들 생각에는 '나쁜 놈은 벌받고, 착하게 살면 복 받는다' 이렇게 받아 들인다카니 너무 크게 걱정은 마이소. 물론 애마다 다르기는 하겠지만요.

그라마 요새 세상에 얼마나 재밌는 얘기가 많은데, 케케묵은 얘기 해서 머하노 이래 생각하는 분은 안 계십니꺼? 그게 그렇지가 않심다. 요즘 문해력 문해력 말들 많은데, 아이들 어휘력은 물론이고 맥락을 파악하는 능력, 기승전결 사건 파악하고, 또 내 얘기로 맹글어서 그럴듯하게 남들한테 전하는 능력 이런 게 전부 다 문해력이라요. 이런 문해력을 얼라들한테 기르기에 이야기, 스토리만큼 좋은 게 없심다. 그뿐만 아니라 한 사회의 정신세계와 문화를 이해하는 '문화해독력'(Cultural literacy)을 키울라믄 옛이야기가 필수 중의 필수라요. 간단하게 말하자면 "놀부 심보 쓰지 마라" 이런 표현을 알아듣는 거 하고 모르는 거 하고 그 사회를 이해하는 수준이 같겠심니꺼? '신데렐라 콤플렉스' 이런 용어도 신데렐라가 무슨 내용인지 알아야 이해를 하죠. 옛이야기는 이런 단어뿐만 아니라 그림, 영화, 소설 할 것 없이 현대 사회에 아직도 얼마나 반영되고 있는 게 많은데 그랍니까.

옛이야기는 한 사회를 이해하는 데도 필수지만, 인류 전체를 놓고 봐도 그렇심다. 콩쥐 팥쥐 이야기랑 신데렐라 이야기가 비슷하다고 생각하지요? 누가 누구를 베낀 걸까요? 그기 아니라 그 동네나 이 동네나 사회가 유지되는데 그런 얘기가 똑같이 필요했기 때문에 비슷하게 생긴 거라요. 오랜 세월 이야기가 살아남아서 전해질 때는 그만큼 그 이야기와 논리가 필요하다는 뜻이죠. 인류의 지혜가 옛이야기, 전래동화 안에 다 스며들어 있고요. 강력한 호소력을 갖고 살아남은 옛이야기 안에는 인간이 수천 년간 쌓아 온 상징과 이미지들이 층층이 쌓여 있심다. 인류가 우째 살았고, 무슨 생각을 하고, 세상이 어떻게 굴러가는가 이거를 제일 쉬우면서도 제일 재미있게 보여 주는 게 옛이야기라요.

그라고 해 아래 새것이 어디 있겠심니까? 창의력은 무에서 유를 창조하는 게 아니고, 유에서 쪼매 더 새로운 유를 만드는 거라고 하대요. 새로운 스토리도 다 옛날 것들을 끌어와서 다시 해석하고 다시 꾸미면서 나오는 겁니다. 그러니까 옛이야기가 필요한 깁니다. 오랜 세월 동안 사랑받아 온 전래동화, 옛이야기 안에 있는 메시지를 우리가 알아야 하고, 그걸 우리 눈으로 다시 해석하고 새로운 이야기를 맹글어가는 게 우리가 해야할 일 아니겠심니꺼?

이야기는 힘이 쎕니다. 잔소리보다 낫고 어떤 교훈보다 설득력이 있으니까요. 사람의 마음을 움직이는 것은 주먹이 아니라 이야기라요. 지금 와서 새삼 옛이야기를 알아야 되는 거는, 우리가 어떤 삶을 만들어 왔는지 알게 되고, 또 앞으로 새로운 삶을 만들어 길 수 있기 때문이라요. 그냥 재미있는 이야깃거리가 아니라, 우리가 살아갈 바 힌트를 주는 옛이야기를 인자 얼라들한테도 해주십시다. 그림책으로 읽어 줘도 좋고, 말로 해 줘도 좋심다. 말로 해 줘가 구전 동화 아니겠심니까? 옛이야기라는 구슬을 얼라들한테 잔뜩 주면 알아서 멋지게 목걸이도 만들고 뭐든 만들겠지요. 구전으로 구슬을 구해 주자! 와, 이거 쫌 라임이 되는 거 같노.

책가도에 숨은 우리나라 옛이야기 그림책, 한 권 한 권 찾아서 재미나게 읽어 보세!

- 줄줄이 꿴 호랑이 | 권문희 글·그림, 사계절
- 팥이 영감과 우르르 산토끼 | 박재철 글·그림, 길벗어린이
- 청개구리 | 이금옥 글, 박민의 그림, 보리
- 뒤집힌 호랑이 | 김용철 글·그림, 보리
- 방귀쟁이 며느리 | 신세정 글·그림, 사계절
- 열두 띠 이야기 | 정하섭 글, 이춘길 그림, 보림

- 흥부 놀부 | 홍영우 글·그림, 보리
- 훨훨 산다 | 권정생 글, 김용철 그림, 국민서관
- 그늘을 산 총각 | 이수지 글·그림, 비룡소
- 이야기 주머니 이야기 | 이억배 글·그림, 보림
- 꽁지 닷 발 주둥이 닷 발 | 김기정 글, 남주현 그림, 비룡소
- 토끼와 자라 | 성석제 글, 윤미숙 그림, 비룡소

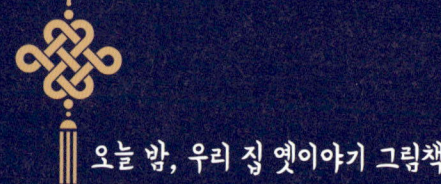

오늘 밤, 우리 집 옛이야기 그림책

Editor 이미리

"자기 전에 우리 무슨 책 읽을까? 오늘은 딱 한 권!" 취침 시간이 다가왔음을 알리는 우리 집 공식 멘트에 세 아이의 움직임이 무척이나 분주해진다. 우리 집엔 8살, 6살, 4살. 나이도 취향도 제각각인 세 아이가 산다. 당연히 잠자리 그림책으로 골라 오는 책은 모두 다르다. 지금부터는 삼 남매의 협상 시간.
둘째의 목소리가 들린다.
"어제는 형아가 읽고 싶은 거 읽었잖아. 그리고 형아도 이거 좋아하잖아. 이걸로 하자. 사랑아, 이거 진짜 재밌는 책이야. 지난번 서울대공원에 가서 본 호랑이도 나온다니까!"
둘째가 그토록 애절하게 형과 동생에게 읽자고 설득한 책은 판형이 커서 책장 옆에 세로로 세워 둔 이억배 작가님의 《오누이 이야기》다.
"온유야. 오늘도 그 책 읽고 싶어? 너무 자주 읽었는데 오늘은 다른 오누이 이야기 그림책 읽을까?"
나는 오누이 이야기의 다양한 버전을 보여주고 싶어서 회유해 보았으나 "이거 읽어요!" 단호한 답만이 되돌아왔다.
아이들에게 "옛이야기 그림책 중에서 어떤 책이 제일 재밌어?"라고 물으면 옛이야기 전집이 집에 두 질이나 있음에도 단행본인 이억배 작가님의 《오누이 이야기》를 가져온다. 도대체 이 책의 어떤 점이 세 아이의 마음을 사로잡은 걸까? 아이들과 함께 그 특별한 매력을 찾아보았다.
우선 커다란 책의 크기이다. 셋이 함께 보는데 책이 크다는 건 일단 플러스 점수를 획득하고 시작한다. 그런데 그냥 크기만 한 것이 아니라 이야기를 효과적으로 전달하기 위해 가로세로의 비율이 잘 계산되어 있다. 아직 《오누이 이야기》의 실물을 보지 못했다면 고목의 꼭대기에 올라가 있는 오누이를 호랑이가 올려다보는 모습을 상상해 보자. 고목이 하늘처럼 높을수록 호랑이는 더욱 애가 탈 것이다. 저길 저 아이들이 어떻게 올라갔지? 궁금할 것이다. 그럼 그림은 가로로 길어질까? 세로로 길어질까? 당연히 세로!
하늘에서 새 동아줄과 썩은 동아줄이 내려올 때 역시 세로로 긴 그림으로 담은 판형은 큰 몫을 하는데, 오누이가 직면한 긴박한 상황을 고스란히 전달한다.
"하나님이 어떤 줄을 내려 주실까? 호랑이도 새 동아줄을 내려 주시면 어떡하지?"
"그럴 리가 있나. 호랑이가 엄마 떡도 다 먹고 엄마까지 먹어 버렸잖아. 나쁜 호랑이한테는 썩은 동아줄이지!"
사실 여러 번 읽었기에 아이들은 결론을 알고 있음에도 읽을 때마다 세로 판형의 긴 종이를 매만지며 긴장감을 유지한다. 새 동아줄이 내려올지, 썩은 동아줄이 내려올지 조마조마한 마음을 유지한 채로 말이다.
이억배 작가님이 그린 《오누이 이야기》는 1996년에 전집에 포함되어 전집의 일반적인 판형으로 제작되었었다고 한다. 20여 년이 지난 지금이라도 새 옷을 입고 독자에게 옛이야기의 즐거움을 알려줘서 그림책에게 참 고맙다.

두 번째로 화면 구성이 매우 독특하다. 이야기의 배경이나 주인공의 행동이 집중되어야 할 때는 그림이 펼친 면 가득 차게 그려져 있고, 호랑이가 오누이 어머니에게 떡을 달라고 할 때나 호랑이가 어머니 옷을 입고 집에 와서 오누이에게 문을 열어달라고 할 때처럼 주인공들이 서로 대화할 때는 인생 네 컷 사진처럼 그림이 분할되어 있기 때문이다.
"안돼! 문 열어 주지 마!"
창호지가 발라진 문 하나를 사이에 둔 오누이와 호랑이를 보며 아이들은 오누이가 호랑이에게 단숨에 잡아먹힐 것 같아서 안절부절 마음이 타들어 간다.
자신들의 엄마가 맞는지 확인하느라 오누이와 호랑이가 문을 사이에 두고 대치하고 있을 때의 그림 분할은 이야기의 몰입도를 높인다. 오누이가 서 있는 쪽과 호랑이가 있는 쪽을 구분하는 하나의 선만으로 독자는 머릿속으로 둘 사이의 닫혀있는 문을 상상하게 되고, 문을 뚫고 호랑이가 방으로 넘어올 것 같은 급박함이 느껴진다고나 할까? 이 장면을 한 장의 그림으로 보여줬다면 이 정도의 전달력은 어려웠을 것이다.
마지막으로 《오누이 이야기》는 충분한 여백을 통해 독자의 상상하는 힘을 키워 준다. 호랑이가 썩은 동아줄을 타고 올라갔다가 더 이상 올라갈 수 없어서 땅으로 떨어지는 장면에서 작가는 긴말하지 않는다. 툭, 툭, 투두둑 딱 다섯 글자가 끝이다.

그리고 그 뒷장에는 주조 색인 청색의 종이만 있을 뿐 어떤 글도 그림도 없다.
"엄마, 호랑이 어떻게 됐을까?"
아이들은 이렇게 말하면서 썩은 동아줄 밑으로 투두둑 떨어진 호랑이의 모습을 상상한다. 어떤 모습을 상상했을지 알 수 없지만, 자꾸 이 책을 읽어달라고 하는 걸 보면 매번 다른 모습을 상상하는 건 아닐까.
독자는 작가가 의도적으로 펼쳐 놓은 백지 위에서 놀고, 상상해야 한다. 호랑이가 어떻게 되었을지, 오누이는 새 동아줄을 잡고 하늘로 어떻게 올라갔을지, 그리고 하늘나라에서 엄마는 만났을지에 대해 어린이 독자 세 명은 매우 심각하게 고민하고 상상하고 즐긴다. '덜 친절한' 상황 설명 덕분에 독자는 자신만의 이야기를 만들어야 하고, 이 점 때문에 《오누이 이야기》는 매번 새로운 책이 된다. 읽을 때마다 새로운 책이 되기에 반복해서 읽게 되는 것이리라.
책 뒷면에 작가는 이런 말을 써 놓았다.
"인연과 맞지 않아서인지 독자에게 제대로 전달하지 못하였습니다. 이제 스무 살 넘게 나이 먹은 그림의 면지를 털어 제 몸에 맞는 옷도 갖춰 주고 보니, 개운하고 흐뭇합니다."
독자도 이 책을 보며 개운하고 흐뭇함을 느낀다. 오랜 시간 건디며 녹사를 기다린 《오누이 이야기》가 이제 품에 딱 맞는 새 옷을 입었으니, 세대를 넘어 오래도록 기억되기를 바란다.

〈호작도〉 작자 미상, 조선 시대, 국립중앙박물관 소장

이억배 그리고 옛이야기 그림책

● 이억배의 그림과 민화

"나는 나의 그림이 민화를 닮았다고 하는 말이 참 고맙다. 옛날 사람들이 고난했던 자신의 삶을 이겨내고 현세의 행복을 추구하기 위해 소박, 솔직, 재미있게 표현했던 민화의 세계관은 내가 배우고자 노력했던 그 무엇이다. 그것은 이 땅의 자연과 그곳에 깃들어 사는 인간의 품성을 좀 더 잘 표현하고 싶다는 욕구 때문이다. 난 구만리 인생을 살아갈 어린이들이 자신과 세계를 발견하고 긍정할 수 있는 힘을 갖는데 나의 그림책이 작은 도움이 되길 바란다."

● 《오누이 이야기》의 청색

"청색이라고만 표현하기에는 부족한 검고 푸르며 환하게 빛나는 푸르름이다. 이는 어린 시절 시골마당 멍석에 누워 바라보던 밤하늘의 빛깔이었다. 그 우주적인 풍경은 두렵고 경건하며 슬픔과 행복이 교차하는 복잡한 감정을 불러일으켰는데, 어른이 되어서 '영원함에 색깔이 있다면 저런 것이겠구나.' 하고 생각했다.
사실 애당초 실현 불가능한 것이라고 생각한다. 나는 그걸 표현하기 위해 고군분투하였으나 이루지 못하고 작은 흔적만 남겨 놓았다."

● 이억배와 그림책

《오누이 이야기》 이억배 글·그림, 사계절

"나에게 그림책은 어느 날 바람처럼 왔다가 이제는 내 삶의 대부분을 지배하고 있는 귀여운 독재자이다. 나는 그의 충성스런 신하쯤 될 것 같다."

2020년 《오누이 이야기》 출간 당시
사계절 출판사에서 진행한 이억배 작가의 인터뷰 중에서

Editor 이시내

옛이야기는 이야기꾼(작가)을 만날 때마다 천 가지 모습으로 변한다. 분명 같은 이야기였는데 웃겼다가, 깨달음을 건네기도, 재치에 이마를 탁! 치게 만든다. 옛이야기에 새로운 옷을 입힌 그림책 가운데 박정섭, 이육남 작가가 작업하는 시리즈를 주목해 보자. 두 작가는 이솝 우화 '토끼와 거북이'의 뒷이야기를 더한《토선생 거선생》에 이어, 현시대의 부동산 문제를 풍자로 버무린《삘릴리 범벙》을 펴내며 옛이야기 그림책의 새로운 길을 찾아냈다. 인터뷰는 사계절출판사에서 필자가 진행한 '학교로 간 그림책' 교사 연수 일부다. 옛이야기가 현대의 옷을 입고 어떻게 등장하는지, 아이들과 어디를 집중하며 나누면 그 맛이 배가 되어 돌아올지 즐겨보길 바란다.

 **박정섭(이하 '박')** 그림책에 음악과 영상 등 여러 곳에서 쌓은 경험을 녹여 내 독자에게 새로운 즐거움을 알려 주는 작가이다. 동화, 동시, 그림책을 넘나들며 작업한 작품이 80권이 넘으며《도둑을 잡아라》,《감기 걸린 물고기》《짝꿍》,《검은 강아지》,《그림책 쿠킹박스》,《토선생 거선생》 등을 쓰고 그렸다. 지금은 바다와 산이 있는 귀여운 동네 묵호에서 지낸다.

 **이육남(이하 '이')** 북한산 아래 우이동에서 책 마을 헤이리까지 재밌는 일을 찾아 구름처럼 떠다니는 작가이다. 자신만의 선과 색을 듬뿍 담은 그림으로 강렬한 이야기를 전달한다.《토선생 거선생》,《수궁가》,《여든, 꽃》,《몰라꽃》,〈그림책으로 보는 홍동지 놀음〉 시리즈 등에 그림을 그렸다.

《삘릴리 범범》 박정섭 글, 이육남 그림, 사계절
가진 것도, 복도 없는 부모님이 물려주신 피리 하나밖에 없는 소금 장수의 내 집 마련기. 전 재산을 털어 집을 구매했는데 아뿔싸! 이미 그 집에서 96년을 살았다며 소유권을 주장하는 호랑이가 있다. 재산을 잃고 집도 없는 소금 장수는 어떻게 될까? 물질과 욕망에 눈이 먼 사회를 옛이야기로 풀어낸 그림책이다.

거북이와 토끼의 달리기를 해석한 《토선생 거선생》에 이어 소금 장수와 호랑이가 등장하는 《삘릴리 범범》으로 만났습니다. 제목을 듣고 익숙한 옛이야기 '호랑이 뱃속 구경', '혹부리 영감' 등을 상상했는데, 놀랍게도 부동산을 포함한 세태 풍자 이야기였어요. 수많은 이야기 가운데 부동산을 옛이야기와 접목한 까닭은 무얼까요?

박 부동산 사태를 미리 예견하고 쓴 건 아닙니다. 현재 관심 있거나 경험한 일을 토대로 옛이야기를 현대적으로 만들어야지 생각했는데 전세 사기 등 부동산 사태와 시기가 맞아 떨어졌습니다. 제가 서울에서 동해로 이사하면서 겪었던 힘든 일을 단순히 경험으로 끝내지 않고 이야기로 풀어내고 싶었어요.

인물을 소금 장수와 호랑이, 토끼와 생쥐로 설정한 이유가 궁금합니다. 토끼가 사기꾼으로, 거북이가 은행원으로 등장해서 반전 매력이 있었어요. 어디에서 영감을 받으셨나요?

박 치밀하게 구성하기보다 직감대로 구성하는 편입니다. 질문을 받고 생각해 보니 소금 장수가 서민을 뜻하는 말뚝이 탈을 쓰고 있어요. 하루 벌어서 하루 먹고 사는 소금 장수 이미지와 잘 어울리는 것 같죠? 제가 바다 근처에 머물러 자연스레 소금 파는 장수가 되었습니다. 또 부동산 사건을 겪으며 만났던 무속인이 있는데 이우경 작가의 《춤추는 호랑이》가 떠올랐어요. 이 책에서 호랑이가 무당으로 등장해 춤을 추잖아요. 그러다 보니 인물이 호랑이가 되었습니다.

이 부동산이란 소재를 설정하니 일을 도와주는 비서가 필요했습니다. 혼자서 사기를 칠 수 없잖아요. 바람잡이처럼 사기를 돕는 역할로 잔머리꾼 생쥐가 등장했습니다. 처음에는 생쥐가 토끼보다 더 많은 역할을 가지고 있었는데 수정하면서 역할이 많이 줄었습니다. 전작 《토선생 거선생》에 등장하는 인물이 《삘릴리 범범》에서는 새로운 역할을 받았습니다. 마치 배우에게 배역을 주는 것처럼 전작의 인물에게 '이번에는 이런 역할을 해 봐.'라는 마음으로 설정했어요. 보통 거북이는 믿음직한 성격으로 등장하는데 그런 믿음에 속아 넘어갈 수도 있잖아요.

호탕한 그림 덕에 시대를 풍자하는 메시지가 더 강하게 다가왔습니다. 민화 같다가도, 전통춤과 힙합 동작까지 있어 재밌었습니다. 독자는 흥겹지만, 작가는 어려웠을 것 같아요. 작품을 그리면서 가장 힘든 장면이 있었다면 어디일까요?

이 호랑이 자체가 그리기 부담스러웠습니다. 이야기 모태가 《춤추는 호랑이》라 처음에는 마당극, 탈춤을 염두에 두고 시작했어요. 여러 시도 끝에 춤추는 장면이 완성되었습니다. 한 장면을 꼽자면 부동산 내부였어요. 옛이야기에서 갑자기 부동산이 등장하는데 이질감 없이 이어지게 하려고 고민했습니다. 춤추는 장면에서 들어간 힙합 장면 덕분에 현재 부동산 공간으로 자연스럽게 연결된 거 같습니다.

부동산 장면 속 커피믹스, 주식 화면이나 광고지, 계약서, 부동산 신조어에 웃음이 납니다. 게다가 계약서에 적힌 작가님 이름과 사계절출판사 은행 직원, 법무사 주소는 사계절출판사로 등장합니다. 짐 보따리에 쌓인 전작《토선생 거선생》까지 찾는 재미가 넘칩니다. 이런 설정은 일부러 넣은 걸까요?

이 작업을 하면서 이야기 흐름을 깨지 않는 작은 장난을 그리곤 합니다. 그림을 그릴 때 느끼는 재미죠. 매번 그릴 때마다 달라지기도 하고, 계획 없이 그리곤 합니다. 나중에 독자가 꼼꼼하게 남겨 준 글을 읽으며 그림책 속 숨은 재미를 같이 찾는 기분에 빠지곤 합니다.

또 다른 재미로 박정섭 작가님께서 운영하는 유튜브 채널 '그림책식당'에 뻴릴리범범 OST라는 이름으로 '춤추는 호랑이', '피리 부는 소금 장수' 두 영상이 올라와 있어요.

박 이 작품을 하면서 집중한 게 두 가지 있는데 글 쓰는 것과 뮤직비디오 제작입니다. 고등학생 때 방송반을 하면서 카메라를 다룬 경험이 있어 출판사에 뮤직비디오를 찍어 보겠다고 제안했습니다.

'춤추는 호랑이'에는 호랑이, 토끼, 소금 장수 탈을 쓴 세 사람이 등장하는데요. 이들 중 작가님도 있을까요?

박 편집과 촬영에 집중했기에 영상에 나온 사람들은 친한 친구, 친한 작가님, 묵호 부동산 사장님입니다. 저는 없어요. 처음에 다들 긴장했는데 춤을 배운 적 없는 작가님이 막춤을 추면서 분위기가 부드럽게 풀렸습니다. 시장에 사람들을 데려다 놓고 마음대로 느끼는 대로 추라고 했더니 신이 나면서 더 자연스럽게 촬영할 수 있었습니다. 노래는 판소리로 유명한 국악방송 DJ 최고은 님이 불러 주셨고 작곡은 박진호 님이 해주셨습니다. 작사는 진호 씨와 함께 작업했습니다. 모든 걸 계획한 건 아니지만 우연이 겹치는 일이 늘면서 신기했고, 덕분에 재밌게 작업했습니다.

유튜브 채널에《뻴릴리 범범》외에《싫어요 싫어요》,《검은 강아지》등 작가님의 다른 책 OST도 올라와 있어요. 노래를 직접 부르시기도 하고요. 그래서인지 저는 피리 부는 소금 장수와 작가님이 동일시되었어요. 소금 장수에게 피리는 자기표현의 도구이자 목숨을 살리는 재능이잖아요. 작가님에게 음악은 어떤 의미일까요?

박 제 어렸을 때 성향과 맞닿아 있습니다. 한 가지를 오래 집중하는 성격이 아니었어요. 그림책을 하면서 영화 OST처럼 음악이 있으면 더 풍부하게 즐길 수 있겠다는 생각이 들었습니다. 시간이 지나면서 조금씩 음악에 진입하며 시도했습니다. 전문적인 음악가는 아니지만, 저에게 그림책과 음악이 함께 하는 건 즐거운 작업입니다.

다시 그림책으로 돌아가 이야기를 계속해 보겠습니다. 소금 장수가 부동산에 속아 산 집에는 96년 동안 그 집에서 살고 있는 9마리의 호랑이가 등장하는데요. 숫자에 특별한 의미가 있나요?

이 9는 무한한 느낌을 줍니다. 순금 99.9처럼 많은 느낌이기도, 제 형제가 아홉 명이라 9를 쓴 것도, 저와 박정섭 작가 나이를 합친 숫자가 96이라 쓴 것도 있습니다. (2023년 기준)

박 호랑이는 근심, 걱정을 뜻하기도 해요. 살다 보면 걱정이 꼬리를 물고 무는 두려움이 될 때도 있잖아요. 끝없는 걱정으로 숫자 9를 등장시켰습니다.

전체적으로 흑백 그림에 노란색을 주요 색으로 사용하셨어요. 그 이유는 무엇일까요?

이 이 그림책에서 중요한 이야기는 욕망, 욕심입니다. 돈에 한정되기보다 물질 전체를 대표하고 싶어 순금의 노란색 이미지를 썼습니다. 호랑이 눈동자도 노란색을 썼어요. 욕망에 먼 눈을 뜻합니다. 소금 장수의 눈동자는 하얗지만 피리는 노란색입니다. 피리가 노란색인 까닭은 소금 장수가 예술가가 되고 싶은 욕망이 있어서겠죠.

더불어 소금 장수의 빨간 탈 역시 시선을 뺐습니다. 여러 탈 가운데 왜 빨간 탈로 정했는지 궁금합니다.

이   우리나라 탈춤에서 가장 인기 있는 캐릭터가 말뚝이입니다. 빨간 얼굴에 녹색 옷, 벙거지를 쓴 캐릭터로 소외된 계층을 뜻합니다. 일인다역을 하는 풍자적인 탈이기도 해요. 소금 장수 이미지에 말뚝이 탈이 잘 어울린다고 생각했던지라 소금 장수 탈도 빨간색이 되었습니다. 의미를 더 찾는다면 소금 장수가 예술에 갖는 순수한 열정과 잘 어울리죠. 전통 말뚝이 탈과 표정이 다릅니다. 여러 웃는 얼굴, 우는 얼굴 가운데 소금 장수는 불쌍한 얼굴이 잘 어울리겠다 싶어 제가 재창작했습니다.

뒤표지에 소금 장수 대신 순회공연을 다니는 토끼와 생쥐가 등장합니다. 저희 아이가 "호랑이는 소금 장수한테 안 찾아가는 거야?"라고 묻더군요. 뒷이야기가 궁금합니다.

박   낭떠러지로 떨어지는 건 정신도 나락으로 떨어진다는 뜻입니다. 호랑이가 소금 장수를 찾는 건 잃어버린 본전을 찾아야 가능하기에 꽤 오래 걸릴 것 같습니다. 뒤표지를 보면 토끼는 불안에 떨며 북을 칩니다. 저런 연주에 관객이 많이 들어올까요? 돈 벌기 힘들 것 같아요. 과한 욕망으로 나락에 떨어진 호랑이는 소금 장수를 만나기 힘들 것 같습니다.

이   마지막 장면에 돈주머니를 숨겨 뒀습니다. 소금 장수에게 선물하고 싶었어요. 앞 장면에서 귀걸이를 한 호랑이가 돈주머니를 베개로 쓰고 있죠. 소금 장수와 친한 설정의 호랑이인지라 소금 장수가 다시 집을 살 수 있게 돈주머니를 숨겨 뒀습니다. 소금 장수는 그 돈으로 다시 일어설 수 있겠죠. 저도 호랑이와 소금 장수는 다시 만나지 못할 거로 생각해요.

좀 더 설명하고 싶은 부분이 있다면요?

박   '쓰러져서 겨우 피리만 부는 소금 장수' 장면이요. 제가 힘든 일을 겪고 쓰러져 있었던 마음이 담긴 장면입니다. 저도 쓰러져서 할 수 있는 게 우는 것밖에 없었어요. 자세히 보면 소금 장수가 희미하게 피리를 불고 있습니다. 그 당시 피리를 불 수밖에 없는 노력이 제게는 이 경험을 그림책으로 만드는 거였습니다. 다들 힘들 때 각자 가진 피리를 불면 좋겠어요. 힘들 땐 충분히 쓰러져 있다가, 자신만의 피리를 불면서 다시 사는 힘을 얻으면 좋겠습니다.

이   저는 '절벽으로 떨어지는 호랑이' 장면이요. 호랑이는 흥에 겨워 화면 위쪽에서 놀다가 욕망 때문에 절벽 아래로 떨어집니다. 인물의 이동이 위에서 아래인데 소금 장수는 호랑이와 달리 가로 방향으로 진행되며 평온합니다. 이런 방향성 덕분에 권선징악에서 오는 카타르시스가 강조됩니다. 아이들이 보는 그림책에 직관적으로 돈을 그리는 게 조심스러웠어요. 아이들과 읽을 때 여러 숨은 장치와 돈이 우리에게 주는 의미를 함께 이야기하면 좋겠습니다. 실제로 아이들과 그림책 퀴즈를 낼 때 엽전을 주며 돈의 의미를 나누기도 했습니다. 마지막으로 아이들은 재밌어하지만, 슬픈 영혼으로 다니는 소금 장수의 모습도 잘 봐주면 좋겠습니다.

마지막으로 차기작 계획이 궁금합니다. 옛이야기를 바탕으로 할까요?

박   처음 기획했을 때 세 권을 만들자 했고, 세 번째 이야기를 기획 중입니다. 옛이야기를 새롭게 창작한 《토선생 거선생》, 옛이야기를 패러디한 《삘릴리 범범》, 세 번째는 종잡을 수 없는 풍자와 해학을 담으려고 합니다. 현대 이야기로 나오지 않을까요. 이육남 작가님이 그리는 게 힘들지 않을까 싶습니다. 힌트를 드리자면, 《토선생 거선생》의 뒷이야기가 될 거예요.

이   박정섭 작가님과 서로 이야기하면서 엉뚱한 이야기를 자주 합니다. 좋은 생각이라고 격려해 주기에 재미난 작품이 나올 것 같습니다.

매일매일 시름시름

매일매일 훌쩍훌쩍

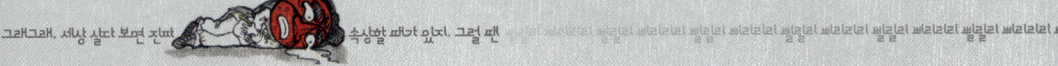

그래그래, 세상 살다 보면 진짜 속상할 때가 있지. 그럴 땐

옛이야기는 계속된다
- 맥 바넷, 존 클라센 작가 인터뷰

Editor 이시내

호랑이 담배 피우던 시절 옛이야기에서 영감을 받는 건 우리나라 작가뿐만이 아니다. 구름 따라, 땅속 깊은 물길을 따라 흐르던 노르웨이 옛이야기는 맥 바넷과 존 클라센 작가에게도 닿아 그림책으로 탄생했다. 두 사람에 의해 옛이야기 '염소 삼 형제'는 어떻게 《트롤과 염소 삼 형제》가 되었을까? 맥 바넷(이하 '맥')과 존 클라센(이하 '존')에게 직접 물었다.

많은 옛이야기 가운데 'The three billy goats gruff'를 선택한 이유는 뭘까요?

맥 어릴 때부터 옛이야기를 좋아했어요. 구전 전통 형식을 따르는 옛이야기는 누군가 말하면 듣고 다른 이가 말하며 자꾸 변하죠. 같은 이야기여도 관객에 따라 변합니다. 이야기를 듣는 아이들이 끔찍한 걸 좋아하면 그렇게 변하고, 괴물을 무서워하면 맞춰서 바뀌죠. 더 부드럽게 말하기도 합니다. 말하는 사람의 성격이나 듣는 사람에 맞춰 유연하게 바뀌는 게 옛이야기죠. 이런 매력에 오랫동안 옛이야기를 다시 쓰고 싶었어요. 사실 전 존 셰스카와 레인 스미스의 《냄새 고약한 치즈맨과 멍청한 이야기들》 때문에 그림책을 시작했어요. 정말 재밌는 이야기인 동시에 기존 옛이야기를 많이 바꾼 그림책입니다. 당시엔 옛이야기를 그렇게까지 바꾸는 게 혁신이었죠. 존 셰스카는 제 멘토기도 합니다. 출판사에서 이야기 제안이 오면 존 클라센에게 옛이야기를 하고 싶다고 수년 간 말해 왔어요. 하지만 사람들이 '존 셰스카와 같은 방식으로 옛이야기를 만드는 거 아냐?' 생각할 것 같았죠. 이야기를 조각내는 건 존 셰스카에게 맡기고 전 의미를 전복시키기 보다 원래 이야기를 강조하고 싶었습니다. 구전 전통에 충실한 방식, 유연성 있는 이야기를 하고 싶었어요. 이미 알고 있는 이야기이지만, "얘들아, 이리 와 봐. 우리가 이 옛이야기를 어떻게 생각하는지 알려줄게."처럼요.

존 특히 이 옛이야기는 농담 같은 구조로 되어 있어요. 농담이란 게 새총의 고무줄을 당겨서 놓는 식이잖아요. 맥이 쓴 글은 새총의 고무줄을 기존보다 훨씬 더 길게 잡은 거랄까요.

어릴 적부터 들었던 옛이야기라 누구나 일러스트레이터가 된 것처럼 머릿속에 떠오르는 전형적인 그림이 있어요. 옛이야기를 새롭게 전달하기 위해 그림 작가로 중점을 둔 부분이 있을까요?

존 옛이야기를 다시 쓰는 맥과 비슷한 압박감을 느꼈어요. 하지만 작업을 하려면 불안감을 가라앉히고 이완해야 하죠. 다른 그림 작업을 했던 것처럼 이야기에서 본능적으로 떠오르는 걸 그렸습니다. 이 이야기에서 매력적인 부분은 한 장소에서 모든 이야기가 벌어지는 거죠. 그 장소가 하나의 무대가 됩니다. 보통 옛이야기에선 사건의 시간이나 장소가 다 다릅니다. 하지만 이 이야기는 한 장소에서 세 시간 동안 벌어집니다. 장소가 제한되어 이야기의 가장자리, 내부에서 실험할 수 있었어요.

맥 사람들이 이미 머릿속에 그린 상상의 이미지나 겪은 이미지를 활용했어요. 왜냐면 그것들 때문에 기대감이 생기거든요. 소, 중, 대로 나오는 패턴 덕분에 큰 염소가 나올 거라는 걸 알지만 기존에 본 어떤 것에서도 이렇게 큰 염소가 나온 적은 없어요. 심지어 이 이야기를 처음 읽어도 자연스레 패턴을 알게 됩니다. 작고 중간 것, 그다음 큰 염소를 기대하죠. 엄청난 크기로 아이들을 놀라게 하고 기대를 깨는 재미가 있어요. 그래서 독자가 가진 기대감을 충족시키며 놀라게 하는 건 굉장히 강력한 기술이라고 생각합니다. 아이들에게 소리 내 읽어주면 가장 재밌는 부분이 이 염소가 이야기 프레임에 들어올 때예요. 트롤은 염소를 알아차리지 못하지만, 아이들은 비명을 지르고 염소를 손으로 가리키죠. "엄청나게 커! 이렇게 크다니!" 하면서요. 그렇게 읽어줄 때 존을 보면 항상 자랑스러운 표정을 짓고 있어요. "내가 해냈어!"

《트롤과 염소 삼 형제》
맥 바넷 글, 존 클라센 그림,
이순영 옮김, 북극곰

> " 이 장면은 그림이 글보다 앞서거나 뒤로 갈 수 있는 자리를 만드는 좋은 기회입니다. 그림이 글과 함께 가거나 그림의 자리를 만드는 건 상당히 힘들기 때문입니다. 그래서 작업할 때 그림이 글 앞에 서거나 뒤에 있는 기회를 찾으려고 노력해요. "
>
> – 존 클라센

결말에 트롤이 받는 벌이 점층적으로 커지는 게 재밌으면서 안심이 되었어요.

맥 제가 가장 많은 변화를 준 부분이 결말이에요. 노르웨이를 다니던 두 연구자가 수집한 옛이야기는 원래 매우 짧아요. 결말에 가장 많은 문장이 있죠. "말하길, 염소가 너무 빠르게 트롤에게 달려들어서 트롤의 온 뼈가 다 부러졌다. 그리고 트롤 눈알이 튀어나왔다." 식으로요. 동화라면 그다지 폭력적이지 않다고 할 수 있지만, 그림책치고는 폭력적이에요. 만약 아이들에게 이 부분을 구연한다면 "쾅 박아서 옆구리가 부러져서 팔이 부러지고…." 아이들이 소리를 지르면 잠깐 쉬다가 "눈알이 튀어나오고…." 할 수 있겠죠. 그러면 아이들은 지나치지 않을 정도로 각자 원하는 만큼 상상할 겁니다. 그런데 그걸 그림으로 보여 준다? 존이 어떻게 할지 결정해야 해요.

존 저는 카메라를 밖으로 돌릴 거예요.

맥 그래서 존이 훌륭한 작가죠. 장면을 직접 보여주는 게 안 될 때 결말에서 중요한 건 무엇일까요? 어떤 게 고조되어야 할까요? 관대함을 보여주는 걸까? 착한 염소를 잡아먹으려던 트롤이 벌을 받는 게 카타르시스일까? 이걸 아이들이 소화할 만한 수준으로 해내야 합니다. 이 정신을 유지하며 어떻게 그림책으로 보여줘야 하나 고민했어요.

다리에 해골이 달린 건 염소가 오면 알려주는 초인종, 알람 시스템 같은 건가요? 한국에는 '자린고비'라는 옛이야기가 있는데 이야기 속 굴비 같아요. 트롤이 자린고비처럼 해골을 쳐다보며 기대하는 걸까요? (맥과 존에게 '자린고비' 이야기를 들려줌)

맥 아이들도 해골이 달린 걸 좋아해요. 이건 존이 덧붙인 겁니다. 제가 쓴 글에도 없고 원래 옛이야기에도 없어요. 한국에 와서 인터뷰하며 '그림 작가'라는 단어를 새로 알게 됐어요. 이 표현이 정말 훌륭하다고 생각합니다. 저는 글로, 존은 그림으로 정보를 더해요. 특히 이 책은 그런 의미로 훌륭하게 진행된 작업입니다. 그림으로 분위기가 설정됐죠. 만약 소설이었다면 제가 글로 서술해서 분위기를 만들겠지만, 존은 그림으로 즉각적인 분위기를 내고 제가 말한 적 없는 굉장한 정보를 제공해요. 바로 트롤이 사람을 잡아먹는다는 것을요. 그게 상당히 중요한 정보인데요. 이 그림책 결말에 글을 보면 독자를 부릅니다. "그 언덕에 가면 염소 삼 형제를 만날 수 있어. 하지만 그 전에 꼭 해야 할 일이 있어. 바로 다리를 건너는 거지."라고요. 염소들은 본 적 없는 아름답고 평화로운 곳에 가기 위해 다리를 넘었죠. 염소뿐 아니라 독자도 그곳을 가기 위해서는 다리를 넘어야 합니다. 염소와 똑같이 당신도 위험을 감수해야 해요. 문틀을 넘어야 합니다.

인터뷰하던 기자는 독자 역시 그곳을 가기 위해 위험을 감수해야 한다는 말에 "It's My story."라고 절로 답이 나왔다. 옛이야기가 주는 교훈을 영리하고 치밀하게, 재미도 놓치지 않으면서 어린이의 자리를 고심하는 작가가 있어서 다행이다. 당신은 이 옛이야기에서 무엇을 느꼈는가? 한 번도 건넌 적 없는 다리 위에서, 망설이는 걸음 앞에서 이 옛이야기를 떠올려 보자. 같이 한 발짝 떼 보자. 커다란 염소가 되어 이 다리를 넘어 보자. 다리 건너에는 한 번도 본 적 없는 아름다운 세상이 있겠지. 당연하지만 잊었던 지혜와 용기를 얻기 위해 아이와 함께 옛이야기 그림책을 읽기를 권한다.

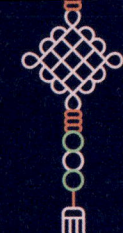

눈물 바다에 풍덩 빠진 옛이야기

Editor 하예라

《눈물바다》 서현 글·그림, 사계절

- **이름** 토끼
- **나이** 알 수 없으나 일반적으로 6~12년 정도를 산다고 하니 10세 미만일 확률 높음
- **가족 관계** 알 수 없음
- **사는 곳** 육지
- **특징** 신분 상승의 욕망, 토론 배틀에 능함

- **이름** 자라
- **벼슬** 주부(조선시대 종육품 관리)
- **사는 곳** 용궁
- **특징** 솔선수범하나 잘 속음

③ 호랑이 형님
④ 호랑이 꼬리 낚시
⑤ 기타 (호랑이가 나오는 옛이야기를 찾아봐!)

지 않으나 혼자 살 가능성이 높음
· **사는 곳** 대체로 깊은 산속에 사나 가끔 마을에 나타나 사건 사고를 일으킴
· **특징** 떡을 좋아하고, 곶감을 무서워하고, 지혜로운 인간에게 잘 속음

· **이름** 선녀
· **나이** 알 수 없음
· **가족 관계** 옥황상제가 아버지(천상계 다이아 수저)
· **사는 곳** 하늘 → 산골 마을 단칸방 → 하늘
· **특징** 패션에 민감함

· **이름** 모름
· **직업** 나무꾼
· **성격** 올곧고 정직함
· **특징** 울보, 미니멀리스트

· **이름** 심청
· **나이** 15세
· **가족 관계** 아버지 심학규(a.k.a. 심 봉사)
· **사는 곳** 황해도 황주목 도화촌 → 용궁 → 궁궐
· **특징** 효심이 깊음

우리나라 옛이야기에 호랑이가 있다면, 서양의 옛이야기에는 용이 있다. 우리나라 옛이야기 속 호랑이가 대부분 무섭고 두려운 악한 존재를 상징하지만 때로는 익살스럽거나, 착한 모습으로 그려지는 것처럼 서양의 용도 비슷하다. 대부분 공주를 납치해 가거나 사람들을 공포에 떨게 하지만 가끔은 신비롭고 용맹한 모습으로 나타나거나, 혹은 수호신의 역할을 하기도 한다. 세계 곳곳에 살고 있는 용이 궁금하다면 《환상 드래건 특급》의 용 전문가들과 함께 모험을 떠나 보자. 참고로 아시아의 용이 가장 신비스러운 존재로 그려져 있다!

《환상 드래건 특급》 큐라토리아 드라코니스 글, 토미슬라브 토미치 그림, 정영은 옮김, 라이카미(부즈펌어린이)

세계적인 일러스트레이터 베아트리체 알레마냐가
새로운 관점으로 해석한 백설 공주 이야기

《아듀, 백설공주》 베아트리체 알레마냐 글·그림 | 김시아 옮김
대형 판형 250×345mm, 96쪽 | 누드 제본, 금박 가공

"아무도 따라올 수 없는 절대 경이!" 퀼튀로포엥
"열정적인 색과 거친 톤으로 백설 공주의 역사를 새로 썼다." 르몽드

BIB 황금사과상, AOI 뉴탤런트 최고상에 빛나는 김지민 그림책

공감각을 느끼는 한 남자와 그의 요리사 이야기를 담고 있다. 어느 날 저녁 우연한 사건으로 특이한 맛의 타르트를 맛보게 된 임금의 여러 감각이 팝업으로 구현되어 있다. 다양한 팝업의 재미와 함께 고전적인 기법의 석판화가 지닌 매력도 함께 느낄 수 있을 것이다.

★ POPUP BOOK

김지민 글·그림 | 220×282 | 36쪽

《타르트의 맛》 최신작

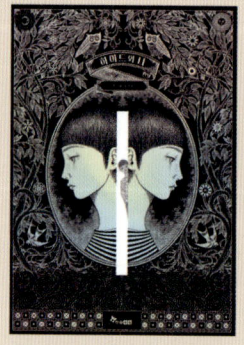

한 가지 모습이 아니라 때로는 복잡한 미로처럼 얽혀 있는 우리 내면의 모습을 '거울의 방'으로 설정하고 그 안에서 마주치는 또 다른 나에 대한 모습을 시각적으로 형상화했다. 이 책의 메인 컬러인 흑과 백은 우리 안의 빛과 어두움을 상징한 것이다.

★ 2017 BIB 황금사과상 수상
★ 2017 나미콩쿠르 퍼플아일랜드상
★ 2017 영국 AOI 뉴탤런트상 수상

김지민 글·그림 | 212×312 | 14쪽 (7월 출간)

《하이드와 나》 리커버 신작

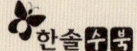

전화 02-2001-5828 팩스 0303-3440-0108

K-그림책의 그림책 상 황금 수확기!
알고 보면 제맛, 그림책 상 둘러보기

Editor 오현수

한국 그림책 작가들의 그림책 상 수상 소식이 연일 들려오는 요즘! 세계의 다양한 그림책 상, 이름은 다 다른데 수식어는 하나같이 그림책계의 노벨상? 각각의 그림책 상이 어떤 의미와 특징을 가지는지 살펴보자! 각 상을 수상한 책을 만날 때 어떤 부분에 관심을 갖고 보면 좋을지 훌륭한 가이드가 될 것이다.

● 한스 크리스티안 안데르센 상(HCAA, 약칭 안데르센 상)

'동화의 아버지'라 불리는 안데르센 작가를 기념해 1956년 덴마크에서 만든 역사성과 세계적인 권위를 가진 아동문학 상이다. 작가(심사 당시 생존 작가일 것)의 **생애 전 작품을 심사**해 작품의 문학성과 예술성, 혁신성, 어린이의 호기심과 상상력을 확장하는 능력 등을 함께 심사한다. **아동문학계에 중요하고 지속적인 공헌**을 해 온 **글 작가와 그림 작가**를 뽑아 상을 수상한다. 1956년부터 짝수 해마다 IBBY가 주관해 볼로냐 국제아동도서전 개막식 기자회견에서 수상자를 발표한다. 수상자에게는 금메달과 증서를 수여한다.

- 2024년엔 글 작가 하인츠 야니쉬, 그림 작가 시드니 스미스가 수상했다.
- 한국인 최초로 2022년 이수지 작가가 안데르센 상 그림 작가 수상자가 되었다.
- IBBY(국제아동청소년도서협의회): 아동 청소년 도서를 통해 국제적 이해를 돕고 수준 높은 아동문학 도서 출판, 연구, 발전을 돕는 국제 비영리 단체, 한국엔 KBBY가 있다.

● 아스트리드 린드그렌 추모 상(ALMA, 약칭 린드그렌 상)

아동문학가이자 사회 운동가였던 아스트리드 린드그렌을 기념해 2002년 스웨덴 정부가 **국민의 세금으로 상금(500만 스웨덴 크로나, 한화 6억 5천만 원 상당)을 마련**해 운영한다. 어린이와 청소년의 권리를 옹호한 린드그렌의 인본주의 정신 계승과 아동문학을 통해 인도주의적 가치 실현을 목표로 **아동문학 작가(글, 그림)뿐만 아니라 독서 운동가, 독서 운동단체까지 수상 후보**에 포함한다. 작가의 경우(심사 당시 생존 작가일 것)에는 **생애 전 작품을 심사**해 어린이 세계의 반영과 작품의 우수성, 작품 속의 인본주의 세계관 반영을 살핀다. 매년 스웨덴 예술 위원회가 주관하여 볼로냐 국제아동도서전에서 수상자를 발표한다. 수상자에게는 일러스트 액자 상패와 상금을 수여한다.

- 2024년에는 호주의 원주민 문맹 퇴치 재단(독서 운동단체)이 수상했다.
- 한국인 최초로 2020년 백희나 작가가 린드그렌 상 수상자가 되었다.

한스 크리스티안 안데르센과 아스트리드 린드그렌에 대해 자세히 알고 싶다면, 이 책을 읽어 보자!

《안데르센 메르헨》 한스 크리스티안 안데르센 글, 니콜라우스 하이델바흐 그림, 김서정 옮김, 문학과지성사: 안데르센의 동화 43편이 실려 있다.
《아스트리드 린드그렌》 마렌 고트샬크 글, 이명아 옮김, 여유당: 린드그렌의 삶과 작품에 대한 책이다.

영미 문화권 그림책 상의 쌍두마차!

● **칼데콧 상**

19세기 예술가 랜돌프 칼데콧의 이름을 붙여 1938년에 만들어진 미국의 그림책 상이다. 한 해 동안 미국 출판사에서 영어로 출간된 그림책을 대상으로 **그림책의 그림 자체의 예술성과 기법의 우수성**, 그림책 속 주제와 서사를 그림 작가가 어떻게 해석하고 그림으로 표현했는가를 살펴 가장 뛰어난 **그림책을 만든 그림 작가**에게 상을 수여한다. ALSC(미국도서관서비스협회)가 주관해 매년 1월 말 칼데콧 대상과 명예상 수상자를 발표하고 ALA 연례회에서 메달을 수여한다.

● 2024년 칼데콧 상 역사 최초로 미국계 한국인 차호윤 작가가 《The Truth about Dragons》로 칼데콧 명예상을 수상했다.

● **요토 카네기 일러스트레이션 상(구 케이트 그리너웨이 상)**

19세기 영국의 예술가 케이트 그리너웨이의 이름을 따서 만들어진 상으로 1955년에 제정되어 2022년까지 영국에서 **가장 뛰어난 그림책의 그림 작가**에게 수여되었다. 2022년 9월부터 요토 카네기 일러스트레이션 상(The Yoto Carnegies Medal for Illustration)으로 이름이 변경되었다.
매년 영국의 CILIP(도서관정보협회) 주관으로 1년간 출간된 그림책을 대상으로 신년 3월에 최종 후보작 발표, 6월에 수상작과 수상자를 발표한다. 수상자는 요토 카네기 메달과 자신이 선택한 도서관에 기증할 수 있는 500파운드 상당의 도서를 받는다. 이와 동시에 콜린 미어스 상의 5,000파운드의 상금도 함께 수상한다.
요토 카네기 일러스트레이션 상은 시와 그래픽노블, 모든 범주의 아동문학 도서를 포함해 후보작과 수상자 폭을 넓히고 있다. 2022년과 2023년에는 2년 연속으로 그래픽노블이 수상작이 되었다.

출판계의 역동적 흐름에 발맞추어 성장하다!

● **볼로냐 라가치 상(BRAW)**

볼로냐 국제아동도서전(1963년 시작)에 **출판사들이 출품한 도서를 대상**으로 1966년부터 우수한 일러스트레이션의 어린이도서를 선정해 수상하는 상이다.
볼로냐 라가치 상은 **5개 분야**를 나누어 그림책의 창작성, 교육적 가치, 예술 디자인을 심사하여 아름다운 일러스트레이션으로 표현되고 **'책의 완성도'가 우수한 어린이도서**를 선정하고 있다. 픽션(창작), 논픽션(지식정보책), 오페라 프리마(신인상, 1년 내 출간된 데뷔작에 수여), 코믹스(2020년에 신설, 3개 연령대로 구분, 만화 분야), 토들러(2024년에 신설, 0~3세를 위한 보드북) 부문에 대상(Winner), 우수상(Special mention, 3~4권) 수상작을 선정한다. 혁신적이고 창의적인 아이디어를 보여주는 작품에는 뉴호라이즌 특별심사위원상을 수여한다.
본상 외에 매해 특별 주제를 정해 수상작 선정으로 생명과 환경, 장애, 예술, 영화, 시 등 해마다 1~2가지 주제의 그림책을 공모하고 있다. 2024년엔 'SEA'를 주제로 자연과 인간, 환경오염, 정치사회학적 측면의 이야기, 국경과 난민 이야기까지 담아내고 있다. 볼로냐 라가치 상은 볼로냐 국제아동도서전 개막식에서 해당 도서를 출간한 **출판사에게 상패를 수여**한다. 한국 그림책은 매년 다양한 분야에서 많은 수상작이 선정되고 있다.

오현수가 주목한 그림책 스타, 한국인 최초 칼데콧 명예상 수상 작가 차호윤

" 천 마디 말보다 힘이 센
그림 한 장,
그림책으로 어린이에게
힘이 되고 싶어요……

오현수 | 그림책 주인공과 눈이 마주치며 작가의 마음 한 조각을 발견했다 싶을 때가 있어요. 자연스레 작가의 다른 작품도 궁금해져 전 작품과 생애 이야기를 찾아보는 '짝사랑'이 시작됩니다. 작가 인터뷰에서 제 목표는 그 사랑을 독자들에게 전염시키는 것이에요. 자료 조사와 질문을 뽑는 과정에서 최대한 작가의 삶을 드러내려 합니다. 작가 인터뷰는 독자의 물음에 작가가 응답해 함께 부르는 듀엣곡이기도 합니다. 작가의 진심 어린 이야기에 사랑의 마법을 가득 담아 독자 여러분께 들려드립니다.

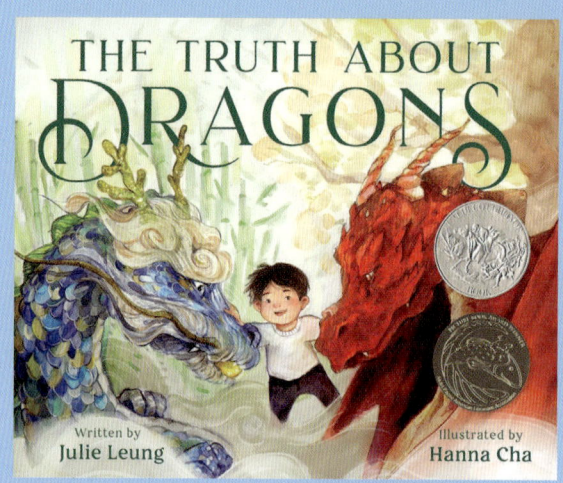

"2024년 칼데콧 명예상 수상자는 《The Truth about Dragons》의 Hanna Cha 작가입니다."

2024년 1월 22일 유튜브로 생중계된 YMA*(ALA YOUTH MEDIA AWARDS)에서 두 번이나 이름이 불리는 영광을 맞이한 그림책 작가가 있습니다. 《The Truth about Dragons》로 아시아태평양계문학상* 대상과 칼데콧 명예상을 수상한 Hanna Cha 작가입니다.

작가의 패밀리 네임 'Cha'가 기자의 가슴을 두근거리게 했습니다. '혹시 한국계 미국인 작가인가? 그렇다면 칼데콧 역사상 최초의 한국인 수상인데….' 얼른 작가의 홈페이지에 들어가 보았습니다. 과거 작품 속에 한국 호랑이와 한복 입은 등장인물의 모습이 선명하게 보였습니다.

"저는 미국에서 태어나 미국과 한국을 오가며 자라난 한국 이름 '차호윤', 미국 이름 'Hanna Cha'인 이중 국적자입니다. 이런 이유로 가능하면 한국인이라고 표기가 되었으면 합니다."

기자의 정보 확인 요청에 대한 작가의 답변에 이어 며칠 후 기쁜 소식이 또 전해졌습니다.

"칼데콧 위원회에서 공식적으로 제가 최초의 미국계 한국인 칼데콧 상 수상자라는 것을 인증해 주었습니다."

*YMA: 미국도서관협회(ALA)에서 주관하는 아동문학상 발표식, 뉴베리 상, 칼데콧 상 등 주요 아동문학상 수상
*아시아태평양계문학상: 아시아태평양계 미국인 사서협회(APALA)가 아시아 태평양계 작가의 작품 중 아시아 태평양계 미국인의 가족 문화, 모국의 전통, 정신 유산 등이 잘 드러난 작품에 수상하는 아동문학상

Chapter 1. '밤하늘의 별'을 따던 밤

"수상 소식은 한국에서 결혼식과 신혼여행을 끝내고 미국에 갓 도착했을 때 들었어요. 그날 오전에 이메일로 아시아태평양계문학상 대상을 받았다는 소식을 듣고 남편이랑 환호성을 질렀지만, 시차 적응에 지쳐 낮잠을 잔 것 같아요. 부스스 깨어나 저녁 즈음 드디어 들뜬 마음을 추스르고 좀 가라앉았을 때 편집자가 문자를 보내더라고요. '모르는 번호로 전화가 갈 건데 꼭꼭 받아!'라고요. 영문도 모른 채 전 '아시아태평양계문학상에 관한 상세 정보겠구나.' 하고 기다렸죠. 모르는 번호로 온 전화를 차분하고 덤덤한 마음으로 받았어요. 전화 너머 여러 사람의 진심 어린 환호와 축하가 크게 들렸어요. 그리고 제게 칼데콧 위원회가 칼데콧 명예상 수상을 축하한다고 했죠. 감히 상상도 못 한 일이 벌어지니까, 그때는 얼어서 대답도 못하다가 눈물과 고맙다는 말밖에는 할 수 없더라고요. 지금은 고마운 마음만 가득합니다. 꿈꾸던 두 상을 받는 것으로 새해맞이와 결혼 생활을 시작하니 더 원할 것도 없네요."

– 차호윤, 2024년 아시아태평양계문학상 대상과 칼데콧 명예상 동시 수상 소감

해마다 1월에 발표되는 칼데콧 상 수상작과 작가에 대한 미국 사람들의 관심과 사랑은 특별합니다. 칼데콧 상은 1938년 제정 이후 한 해 미국에서 가장 예술성이 뛰어나고 우수한 그림책의 그림 작가에게 수상하기에 그림책 작가에겐 '꿈의 상'이자 독자들에게는 좋은 그림책의 보증서처럼 신뢰와 사랑을 받아왔습니다. 2019년 미국 그림책계에 데뷔한 신진 한국인 청년 작가가 세 번째 작품으로 칼데콧 명예상 수상자가 된 놀라운 소식이 전해진 것이지요.

"어렸을 때 저는 칼데콧 상 메달 스티커 같은 문학상 수상 스티커가 붙여진 책을 찾으러 미국 도서관을 마구 다녔었어요. 마치 보물찾기를 하는 것 같았죠. 어린 마음에 잘은 몰랐지만 그 반짝이는 스티커가 붙은 책에는 어떤 깊이가 느껴졌어요. 그 이후로 책에 관심이 생겨 한 권, 두 권 차근차근 계속 읽다가 어느 순간 정신을 차려보니 제가 아동문학 작가가 되어있더라고요. 오랜 시간 계속 칼데콧 수상작을 보았기에 작가의 길을 걸으면서 저에게는 칼데콧 상은 '밤하늘의 별' 같은 상이에요. 올려보는 마음으로 이 상을 받은 수많은 작품을 보면서 영감과 힘을 얻었어요. 아주 가끔 칼데콧 상을 소망하면서 작업을 했지만 사실 수상은 생각도 못했어요. 만약에 받는다면 꾸준히 이 길을 걸어 호호 할머니가 되었을 때, 그때는 혹시나 받을 수 있지 않을까 감히 상상만 했는데, 아직도 믿기질 않네요."

– 차호윤, 2024년 칼데콧 명예상 수상 소감

《The Truth about Dragons》 Julie Leung 글, Hanna Cha 그림
중국계 미국인 Julie Leung 작가의 글에 한국인 차호윤 작가가 그림을 그렸다. 동양과 서양, 이중 문화권 가정의 엄마가 자녀에게 한 아이가 동·서양의 숲속 할머니를 찾아가 적룡과 청룡의 비밀을 찾아 나서는 이야기를 들려주는 내용이다.

Chapter 2. 주인공에게서 어린 제 모습을 보았어요.

처음《The Truth about Dragons》의 글을 만났을 때 어떤 마음이었나요?
어렸을 때부터 판타지와 동화를 좋아했던 저에겐 꿈같은 작업이었습니다. 줄리 렁 작가의 글을 처음 읽었을 때 울었어요. 글 안에서 작가의 따뜻한 바람, 두 문화권의 경계선에 서 있을 아이를 위한 기원과 진심이 강하게 느껴졌거든요. 나중에 알고 보니까 줄리 렁 작가님은 당시 태어난 지 얼마 안 된 자기의 첫 혼혈 아이를 위해 글을 썼더라고요. 그 아이를 빗대어 표현한 주인공에서 미국과 한국의 두 문화를 지닌 어렸을 적 제 모습이 겹쳐 보였어요. 이런 무겁지만 간절한 이야기를 마법과 용으로 승화시켜 아이들이 공감하고 즐겁게 읽을 수 있게 쓰신 작가님의 필력이 너무 대단하게만 느껴졌어요. 작가의 문구 중에서 'Inside your heart is where the two forests meet. Both journeys are yours to take. Both worlds are yours to discover.'는 두고두고 계속 기억이 날 것 같아요.

두 분의 작업 과정은 어떠했나요?
당시 저와 줄리 작가님은 같은 에이전트 웬디와 일하고 있어서 좀 더 빨리 연이 닿을 수 있었어요. 저는 줄리 작가님께 질문을 많이 드렸어요. 첫 아이를 위한 책이니 작가님의 가족과 사랑을 책에 꼭 녹여 내고 싶었거든요. 작가님 허락을 받아 주인공 아이도 작가님 아들과 비슷하게 그렸습니다. 작가님의 볼에 아들이 뽀뽀 세례를 하는 사랑 가득한 동영상을 무한 반복해 보면서 주인공을 그렸어요. 나머지를 저에게 맡기겠다는 격려의 말을 해 주신 뒤에는 줄리 작가님과 더 이상의 큰 교류나 작업에 제한 사항은 없었습니다.

작가 제공 ⓒ차호윤

표지에서 청룡과 적룡을 쓰다듬는 아이의 모습은 두 세계의 화합을 보여 주는 듯합니다. 하지만 속표지나 내용 곳곳에 서양과 동양, 용의 겉모습 차이뿐만 아니라 자연환경, 생활, 문화의 차이도 선명하게 보입니다.

옛 서적이나 설화를 보면 서양에서는 용을 이겨 내야 할 시련으로 여겨 그만큼 무섭고 강인한 존재로 표현했고, 동양에서 용은 신과 같은 범접할 수 없는 존재로 여겨 인간에게 이로운 존재, 추앙받아야 하는 존재로 알려졌더라고요. 일러스트 작업을 할 때 두 문화권의 차이를 시각적으로 느낄 수 있게 각 문화의 화법을 공부하고 영감을 얻어 독자들이 저의 일러스트를 통해 두 용의 차이를 더 확고하게 느낄 수 있게 노력했습니다.

두 문화권의 차이를 표현하기 위해 작가님이 선택한 표현 방식이 있을까요?

서양의 숲을 그렸을 때는 무조건 펜촉으로 그려 깔끔한 윤곽선을 살리고 서양 수채화 붓으로 작업을 했습니다. 동양의 용은 미대 2학년 때 한국 민화를 배웠던 경험을 떠올렸어요. 좋아하는 김홍도 화가의 작품을 보면서 많이 공부했습니다. 우리나라 민화 그리고 한, 중, 일 다양한 동양화 화풍을 찬찬히 보며 영감을 많이 얻었어요. 동양의 숲은 민화 붓으로만 작업을 했습니다.

저의 욕심 또는 고집일 수 있지만, 도구가 주는 절대적인 느낌을 믿고 이렇게 작업을 했어요. 화법과 도구가 다르면 이질감이 크게 느껴질 수 있는데 다행히 주변에서 두 기법이 어우러진다는 평을 해주시고 좋게 봐주시는 것 같아 작가로서 이제 한시름 놓은 것 같아요. 화법이 따로 놀까 봐 이만저만 걱정이 많았거든요.

주인공 바오베이는 숲의 정령과 고블린의 인도에 따라 야생화와 버섯이 가득한 서양 숲속 오두막에 사는 지혜의 할머니를 만나 적룡의 비밀을 알아냅니다. 그 후 대나무와 기암괴석, 소나무가 가득한 동양의 세계로 넘어가 숲속 구미호 발자국을 뒤쫓고 옥토끼의 인도로 하늘 궁전에 사는 또 다른 지혜의 할머니를 만나게 됩니다. 아이의 여정은 페이지 곳곳에 볼거리를 제공하여 독자에게 숨은그림찾기 하는 듯한 재미와 어린 시절 즐겨 읽던 여러 전래동화의 기억을 떠올리게 합니다. 이런 아이디어와 요소들을 어디서 영감을 얻었나요?

서양 적룡은 유럽 동화책에서 영감을 많이 얻었어요. 특히 러시안 동화 작가 이반 빌리빈(Ivan Bilibin), 미국 그림책 작가 쟨 브렛(Jan Brett)의 동물, 액자 틀 장식구조의 표현, 그리고 유명한 J.R.R 톨킨의 《반지의 제왕》, 《호빗》의 삽화를 유심히 보면서 공부했어요. 특히 톨킨 작가님 글과 삽화로 표현된 '스마우그(Smaug)'는 금은보화에 둘러싸인 적룡의 표본이라 어떻게 보면 그분을 언급하는 게 너무 당연할 것 같네요.

조금 더 덧붙여서 추가 설명을 한다면 어렸을 때 읽은 〈솔거나라〉를 비롯한 한국의 역사 동화 전집, 유럽 동화 전집이 유년 시절의 저에게 큰 영향을 줬고, 현재 저의 그림 화풍에 많은 영감을 주었어요. 그것과 더불어 《마들린느는 씩씩해》, 《곰돌이 푸》, 〈개구리와 두꺼비〉 시리즈, 《버드나무에 부는 바람》, 나중에는 〈해리포터〉 시리즈, 《반지의 제왕》 등의 책을 생각하면서 《The Truth about Dragons》를 그렸던 것 같아요.

Chapter 3. 이중 문화 환경에서 길을 헤매다 글과 그림을 만났어요.

이중 국적자로서 문화적 혼란이나 선택의 기로에 섰던 경험이 있을까요?

이중 문화의 환경에서 자라게 된다면 어쩔 수 없이 성장통처럼 문화적 혼란이 당연히 오는 것 같아요. 그 혼란의 무게나 어떤 부분이 혼란스러운지는 사람마다 다르죠. 저는 미국에서 태어나 쭉 지내다가 한국에는 초등학교 3학년 때부터 중학교 1학년까지 있었어요. 그때 이후로는 미국에서 계속 생활했죠. 한국에서 지낸 5년이 딱 저의 정서 발달 시기와 완벽하게 맞물려서 그 덕분에 저 자신을 한국인이라고 확실하게 인지한 것 같아요. 그러나 국제 이사, 미국 내 이사를 자주 해서 시기별로 문화적 혼란을 여러 번 겪었어요. 어디에 가든 주변과 다른 저를 비교하면서 제가 한없이 작아지는 것이 느껴지더라고요. 그렇게 소심함이 커졌고 저에 대해 자신이 많이 없어졌어요.

그런 상황에서 작가님에게 《The Truth about Dragons》에서 자신의 길을 찾아가도록 도와준 지혜의 할머니 같은 존재나 경험이 있었다면 이야기를 들려주세요.

이중 문화와 그 내면의 싸움은 이제 저의 정체성이자 평생 숙제라 풀어낸다면 끝도 없이 나올 것 같네요. 어린 시절 저는 욕심이 많아 두 문화 중에 선택하기보다 '미국인과 한국인, 둘 다 완벽하게 잡겠다.'는 다짐을 했던 것 같아요. 집에서는 완벽한 한국인, 바깥에서는 완벽한 미국인이 되려고 노력했어요. 그러나 완벽이란 건 없고, 어린 마음에 완벽을 추구하는 것은 주변의 기대에 부응하고 주변의 일관성 없는 틀을 뒤집어씌우는 것과 똑같아 많이 헤맸던 거 같아요. 그때 미술을 만났어요. 미술로 저를 표현하는 방법을 배웠고 제 목소리도 찾았죠. 미술은 작품이 완벽해서 끝나는 것이 아니라, 놓아야 끝나는 것이라 완벽의 강박을 놓는 것도 배웠어요. 이젠 미술과 함께 글쓰기로 여전히 저 자신을 차근차근 찾아가는 중이에요. 그래서 제 글과 미술을 통해서 혹시나 저처럼 헤매는 아이들에게 힘이 될 수 있지 않을까 하고 그림책 작가의 길을 걷기 시작한 것 같아요.

작가님에게 글쓰기와 그림 작업에 대한 열망을 불러일으켜 준 것이 있나요?

어렸을 때부터 이야기를 정말 좋아했어요. 책으로 이야기를 먼저 접했던 저는 꿈이 글 작가였어요. 그러나 제가 쓴 글은 매번 '난해하다, 글이 너무 길다.'라는 평가를 받았어요. 어린 마음에 쓰고 싶고, 표현하고 싶은 것도 너무 많은 데다가 읽는 사람들이 그걸 다 알아줬으면 했거든요. 글로 그 감정을 다 풀어내는 것이 저에게 큰 숙제였어요. 그러다가 그림을 접하게 됐을 때 신세계였어요. 그림은 정말로 조금만 하면 자기가 담고 싶은 깃을 일마든시 겹겹이 많이 담을 수 있는데 자세히 보고 싶은 사람은 그만큼 많이 볼 수 있잖아요.

미국에서는 'A picture is worth a thousand of words.'라는 말이 있어요. 천 마디 말보다 그림 한 장의 힘이 세다는 거죠. 저는 미술 덕분에 제가 하고 싶은 이야기를 마음껏 펼칠 수 있었어요. 내 자신을 잘 몰랐던 소심했던 저에게 우연히 시작한 미술은 정말로 숨구멍이었죠. 미술로 저를 표현하며 사람들에게 작품을 보여 주기 위해서 앞으로 나서기 시작했고 작품 설명을 위해 스스로 말문이 트이더니 자신감이 서서히 붙었거든요.

미술로 이야기를 만들며 대중과 소통하는 게 좋아 일러스트레이터의 길을 걷기 시작했습니다. 많은 우연과 인연으로 이제는 그림책의 길을 걷게 되었고요. 그림책은 시 같은 글과 그림이 동행하니 이제 돌아보니 저랑 최상의 조합인 것 같네요.

미술에 푹 빠져 미술 대학에 진학한 작가는 이중 문화로 비슷한 고민을 하는 아시아계 미국인 친구들을 만나게 됩니다. 모임 때 나누었던 일화와 갈등을 만화와 글로 담아 디지털 만화 잡지 〈Permanent Alien〉에서 공개했지요. 잡지 이름이 꽤 의미심장해요.

'Permanent Alien'은 말 그대로 '영구적인 또는 영원한 외계인'입니다. 미국에서 오래 살았고, 영어를 잘해도, 미국인의 눈에 동양인은 외국인으로 보는 경우가 많아 'Alien' 단어를, 저 포함해 제 친구들은 영구적으로 미국에서 살며 생활할 것이기에 'Permanent'라는 단어를 썼어요. 부모 나라의 문화가 생소하고 미국밖에 모르는 친구들조차 외국인-외계인 취급을 받는 현실을 풀어낸 나름 슬프고 외로운 마음이 담긴 제목입니다. 인터넷을 통해 잠시나마 사람들의 많은 관심과 공감을 받아서 놀라웠죠. 그때의 그 관심에 힘입어 단행본도 만들었어요. 그 경험을 통해서 그런 아픔과 외로움이 우리에게만 한정된 것이 아니었다는 점에 위안을 얻었고 그림과 글로 우리와 비슷한 다른 사람의 아픔을 보듬어 줄 수 있던 것이 감명 깊었어요. 어떻게 보면 이 잡지는 저의 첫 책이네요.

첫 그림책 《Tiny Feet Between the Mountains》 이야기를 좀 나누어 볼게요. 산골 작은 마을의 소인이라는 여자아이가 어느 날 해가 사라져 어둡게 변한 마을을 구하기 위해 해를 집어삼킨 호랑이를 찾아 떠나는 모험 이야기인데요. 미국 방송사 NBC의 '2019 베스트 아시안 아메리칸 북' 아동 부문 추천 도서로 선정되었죠?
표지나 내용, 등장하는 주인공 소인과 호랑이까지 한국의 전통적인 색채가 강하게 드러나요. 이 그림책이 미국 출판계와 독자들에게 호평을 받은 이유는 무엇일까요?

제가 대학교를 갓 졸업했을 때 서서히 한국 문화가 알려지는 중이었지만 우리 그림책과 옛이야기는 미국 대중에게 알려지지 않았어요. 그래서 옛이야기 '해님 달님'에서 영감을 얻고, 제가 좋아하는 호랑이도 잔뜩 넣어 책을 만들었어요. 과거 호랑이의 터전이었던 우리나라에서 호랑이는 해학적이고 친숙한 모습이지만 미국에선 이 점을 신비롭고 새롭게 받아들인 것 같아요. 책을 읽은 아이들은 특히 소인이를 좋게 봐주었어요. 작은 몸집 때문에 주변 사람들로부터 과소평가를 받지만 내면이 단단하고 강인한 아이죠. 소인이를 보며 많은 아이들이 힘냈으면 하는 바람으로 그렸는데, 그것을 알아주고 아이들이 좋아해 주니 정말로 기뻤습니다.

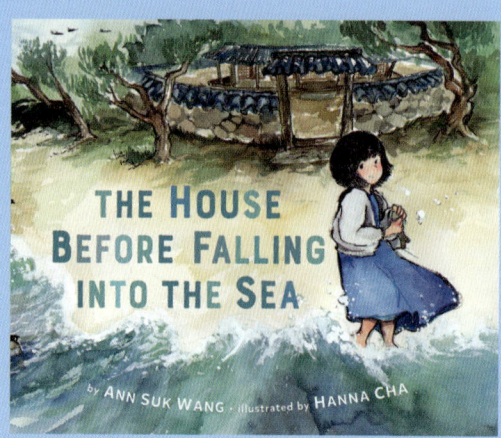

《The House Before Falling Into the Sea》
Ann Suk Wang 글, Hanna Cha 그림, Dial Books

올해 3월엔 한국계 미국인 왕안숙(Ann Suk Wang) 글 작가와 함께한 《The House Before Falling Into The Sea》 책이 발간되었어요. 이 책에 관한 이야기를 해 주세요.
《The House Before Falling Into The Sea》는 글 작가 어머님의 경험을 바탕으로 한국 6.25 전쟁과 피난민 상황을 그 당시 어린이의 관점으로 바라본 책입니다. 부산에 사시던 작가의 조부모님이 집에 피난민을 받을 수 있는 만큼 최대한 들이셨는데, 그때 작가의 어머니가 겪은 일을 풀어낸 책입니다. 여기에 필연 같은 우연을 만났어요. 작가와 출판사는 원고를 저에게 주기 전까지는 제 할머니가 부산 피난민 중 한 명인 걸 몰랐던 거예요. 사실 저도 작업을 시작하며 할머니의 6.25 피난 이야기를 자세히 들을 수 있었습니다. 이렇게 피난민을 수용한 원주민 후손인 글 작가와 피난민 후손인 그림 작가가 특별한 연을 맺어 책 작업을 할 수 있었죠.

미국에서 6.25 전쟁은 '잊혀진 전쟁(forgotten war)'라고 불릴 만큼 과거 역사 속의 이야기가 되었습니다. 작가님은 이 작품을 통해 지금 이 시대 어린이들에게 어떤 이야기를 전달하고 싶으셨나요?
이 책은 전쟁처럼 어두운 그림자가 드리워져도 비극 너머를 보고, 가장 어두운 시기에도 작은 기쁨과 희망을 찾을 수 있는 아이들의 힘과 능력을 기억하라는 외침이에요. 6.25 전쟁은 우리에게 되풀이되어선 안 되는 과거의 역사지만 지금도 다른 곳에선 안타깝게도 전쟁이 계속되고 있죠. 이 작품을 통해 아이들이 과거의 역사를 배우고 아픔을 공감하는 열린 마음을 가질 수 있기를 바랍니다. 또한 이 책이 인내와 인류애를 기억하는 책이 되길 바라고요. 나아가 궁극적으로는 이 책이 누구나 자신의 역할을 할 수 있다는 사실을 상기시켜 주길 바랍니다.

칼데콧 명예 상 수상은 작가님께 새로운 작업을 위한 원동력이 될 것 같습니다. 앞으로 어떤 계획이 있나요?
글, 그림 작가로서 낼 책을 열심히 준비 중입니다. 2025년에 《Tea is Love》가 출간될 예정입니다.

《The Truth about Dragons》 뿐 아니라 《불냉이》, 《또 다른 연못》 등 최근 아시아태평양계 문학상 수상작들이 칼데콧 주요 수상작으로 선정되고 있다. 미국 아동 문학계에서 아시아태평양계 작가들의 목소리가 점점 커지고 있는 것이다. 하지만 한국계 미국인 가정의 고민과 이야기를 담아내거나, 한국 문화를 다룬 작품에 대한 정보 찾는 데는 여전히 어려움이 있는 게 사실이다. 때문에 2020년 한국계 미국인 린다 수 박(Linda Sue Park) 작가가 'KiBooka'라는 사이트를 만든 소식이 무척 반갑다. 'KiBooka'는 미국의 한국계 작가와 작품 소개를 한곳에 모은 데이터베이스이자 작가 공동체이다. 인터뷰를 하며 차호윤 작가 역시 자신이 'KiBooka'의 작가 중 한 명임을 밝혔다. 차호윤 작가는 'Kibooka'가 한국 문화에 관심을 가지는 학교 선생님, 도서관 사서들이 커리큘럼을 쉽게 만들 수 있게 정리가 잘 되어 있다고 소개하며, 이곳을 통해서 자신을 찾았다는 분들의 이메일을 종종 받아 감사한 마음이 크다고 하였다.
www.kibooka.com

1월 22일 칼데콧 명예 상 수상 소식을 듣자마자 차호윤 작가에게 축하 인사를 건네며 국적 확인 요청을 했습니다. 기자에게 감사 인사를 전하며 작가는 홈페이지 작가 소개에 즉시 한국어 설명을 더했습니다. 차호윤 작가는 인터뷰 과정 내내 이민 2세대 작가로서 창작의 자양분이 된 이중 문화에 대한 고민, 한국인으로서 자부심과 그림책에 대한 애정을 진중하게 드러냈습니다. 글과 그림을 함께 작업하는 책을 준비하고 계신 만큼 오랜 시간 작가가 붙들고 깊게 사유했던 것들이 멋진 책으로 태어나길 바랍니다. 차호윤 작가가 앞으로 들려줄 이야기를 응원합니다.

"저는 진실되고, 배우는, joyful 작가입니다. 영어를 쓰는 것이 약간의 치팅일 수 있지만, 저에게 joy는 행복감, 기쁨, 즐거움 등의 포괄적인 뜻을 가져서 joyful이라고 하고 싶어요!"

- <라키비움J> 인터뷰를 마치며 차호윤

A wise woman will be living inside.

IBBY – HANS CHRISTIAN ANDERSEN AWARD

2024 Illustrator Award Winner

SYDNEY SMITH

1980년 캐나다 동부의 바닷가 노바스코샤에서 태어난 시드니 스미스는 NSC노바스코샤 예술 디자인 대학에서 드로잉과 판화 제작을 공부했다. 진로에 대한 방황을 하다가 상상력을 펼칠 수 있는 매체로서 아동 문학, 그림책 일러스트레이션 작업에 관심을 갖게 되었다. 당시 그림책 일러스트레이션에 대해 고민하는 시드니 스미스에게 판화 수업 선생님이 캐나다 총독 문학상 수상자 명단을 주시며 "여기에 너가 있을 수도 있어."라고 말씀하셨다고 한다. 후에 시드니 스미스는 "제가 존경하는 선생님이 저를 믿어주셨지요. 그때 처음으로 진지하게 고민하며 꿈을 꾸게 되었습니다."라고 밝혔다.

선생님의 예언대로 시드니 스미스는 2015년에 《거리에 핀 꽃》으로 캐나다 총독 문학상을 수상하였다. 이후 《바닷가 탄광 마을》로 2017년 보스턴글로브 혼북 상 명예상 수상하였고, 같은 책으로 2018년 케이트 그리너웨이 상을 수상하였다. 하지만 그의 수상 경력은 이제 시작일 뿐이었다.
2019년에는 《괜찮을 거야》로 캐나다 총독 문학상 수상을 한 번 더 수상하였고, 2021년 케이트 그리너웨이 상, 2020년 에즈라 잭 키츠 상 글 작가 부문의 수상자로도 선정되었다.
《나는 강물처럼 말해요》 출간과 함께 2021년 슈나이더 패밀리북 상, 보스턴글로브 혼북 상을 수상하였고, 그리고 마침내 그의 모든 작품 세계를 인정받아 2024년 한스 크리스티안 안데르센 상의 수상 작가가 되었다.

우리나라에 소개된 시드니 스미스 작가의 그림책 (원작 발행 순서)

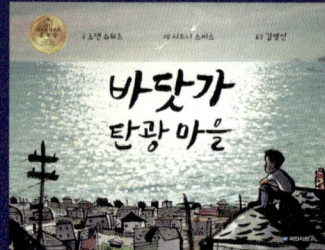

"마음챙김, 평상시 지나칠 법한 작고 숨겨진 것을 알아봐주는 것, 친절함과 넉넉함에 대한 이야기예요. 소녀는 도시를 걸으며 도시의 색깔을 드러나게 하지요."
2015년 12월 21일
NSCAD대학과 인터뷰에서

"이야기가 말없이 펼쳐지는 그림 페이지는 이야기의 주제를 깊게 표현해주고 독자에게는 그 순간을 음미할 수 있는 기회를 줍니다."
2017년 6월 6일
joannamaple.com 인터뷰에서

"제가 이 책을 좋아하는 건 1950년대 후반 바닷가 광산 마을의 아이의 성장기라고 말할 수도 있지만 유년기에 관한 책이라고도 말할 수 있기 때문입니다. (…) 모든 사람들은 비슷한 인생 순간들을 경험합니다. 웅덩이에 비친 자기 모습을 보거나 햇빛에 부유하는 먼지를 보고 나무에 이는 바람 소리를 듣지요. 내밀하지만 보편적인 작은 순간들의 시적인 요소가 담긴 이야기는 아무리 특이한 설정의 이야기라 해도 공감하게 만듭니다. 이 책은 결국 아름답고 섬세한 한 인간에 대한 이야기입니다."
2017년 4월 22일
pacifictranquility.wordpress.com 인터뷰에서

"책 속의 아빠의 말 "너도 저 강물처럼 말한단다"처럼, 제 소망은 이 책이 필요한 사람에게 가닿아 그 효과가 오래 지속되기를 바랍니다. 하지만 그건 보장할 수 없지요. 제가 할 수 있는 일은 책을 만들고, 세상에 내놓고, 별들이 제자리를 찾아갈 때면 이 책이 필요한 사람의 손에 가닿기를 바라는 것 뿐입니다."
2020년 11월 11일
혼북 인터뷰에서

"이 책은 단순한 '나와 할머니' 이야기 이상의, 나이를 떠나 서로를 존중하고 배려하는 두 사람의 이야기입니다."
2023년 2월 15일
SLJ와의 인터뷰에서

   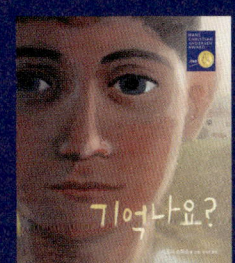 

"이 책은 '상실과 슬픔'에 대한 보편적인 이야기입니다. 사랑하는 누군가를 잃은 슬픔 속에 쉴 새 없는 도시의 삶을 헤쳐가는 이야기죠. 이 책을 작업하는 동안, 제 친구이자 편집자였던 실라 배리가 세상을 떠났습니다. 소중한 사람을 잃은 제 마음을 주인공을 통해 투영하고 슬픔에 직면할 수 있었습니다."
2019년 10월 24일
theaoi.com 인터뷰에서

"사랑하는 사람과 함께 과거를 기억하고 현재에 대한 추억을 만들어가는 내용입니다. 우리는 무엇을 기억할지, 능동적으로 기억을 만들 수 있는 능력이 있습니다. 6살 때 제가 깨달은 생각을 여러 독자들과 함께 나누고 싶었습니다."
2023년 11월 22일
www.mariacmarshall.com 인터뷰에서

- 《거리에 핀 꽃》 존아노 로슨 기획, 시드니 스미스 그림, 국민서관
- 《흰 고양이와 수도사》 조 앨런 보가트 글, 시드니 스미스 그림, 한정원 옮김, 비룡소
- 《바닷가 탄광 마을》 조앤 슈워츠 글, 시드니 스미스 그림, 김영선 옮김, 국민서관
- 《어느 날, 그림자가 탈출했다》 미셸 쿠에바스 글, 시드니 스미스 그림, 김지은 옮김, 책읽는곰
- 《괜찮을 거야》 시드니 스미스 글·그림, 김지은 옮김, 책읽는곰
- 《나는 강물처럼 말해요》 조던 스콧 글, 시드니 스미스 그림, 김지은 옮김, 책읽는곰
- 《할머니의 뜰에서》 조던 스콧 글, 시드니 스미스 그림, 김지은 옮김, 책읽는곰
- 《기억나요?》 시드니 스미스 글·그림, 김지은 옮김, 책읽는곰

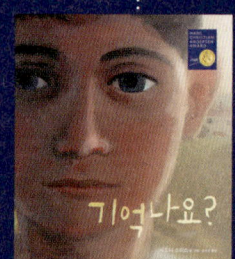

"That's how you speak."

Perhaps what's more important than the words the father spoke was the quiet and safe space that he provided. The boy, in the calm silence, was free of the pressure to fix everything. Not to be pushed into a radical self-acceptance or subjected to armchair speech pathology, but instead allowed to be silent and to be heard when he wished to speak. They were just two people having a stroll. Not teacher and student, not doctor and patient, but two people, enjoying the silence.

January 18th, 2022
Sydney Smith's 2021 BGHB Picture Book Award Speech

주요 작품 들여다 보기

> 눈 내리는 추운 겨울, 한 아이가 무언가를 찾아 도심을 헤맨다. 우뚝 솟은 고층 빌딩과 붐비는 인파를 지나며 아이는 '이 도시에서 작은 몸으로 산다는 게 어떤 건지 알고 있다'고 독백한다. 소음과 무심함으로 가득한 도시에서 아이가 찾는 건 바로 고양이. 아이는 잃어버린 고양이를 찾아 두려움을 무릅쓰고 도심 속 모험을 떠났던 것이다. 아이의 목소리를 통해 언젠가 홀로서기를 해야만 하는 어린이들에게 용기를 주는 작가의 이야기를 만나 보자. 시드니 스미스가 처음으로 글과 그림 모두를 작업했으며, 케이트 그리너웨이 상, 에즈라 잭 키츠 상, 캐나다 총독 문학상 등을 수상했다.

> 아이는 아침마다 낱말들의 소리를 들으며 눈을 뜨지만 어떤 것도 소리 내어 말할 수가 없다. 입을 여는 순간 낱말들이 뿌리를 내리며 혀와 뒤엉키고, 목구멍 안쪽에 딱 달라붙는다. 돌멩이처럼 입을 굳게 다문 아이는 사실 말을 더듬는 어려움을 겪고 있다. 장애로 인해 학교 생활이 어려운 아이의 침울한 모습에 아버지는 아이를 강가로 데려가 강이 흐르는 모습을 함께 바라본다. 그리곤 아이에게 "너도 강물처럼 말한다"고 말해 준다. 굽이치고 부딪치고 부서져도 쉼 없이 흐르는 강물을 보며 아이는 자신을 수용하고 긍정한다.
> 캐나다를 대표하는 시인 조던 스콧의 자전적 이야기에 시드니 스미스가 그림을 그린 이 그림책은 시적인 비유와 상징으로 가득하다. 자연이 주는 치유의 힘과 가족의 사랑, 어린이의 성장을 모두 만날 수 있다.

> 어스름한 달빛이 방 안을 비추는 밤, 아이와 엄마는 잠자리에 누워 이야기를 나눈다. 엄마와 아이는 서로 "기억 나니?", "기억나요?"라고 번갈아 물으며 가족의 추억을 하나하나 끄집어낸다. 엄마, 아빠, 아이, 셋이서 들판으로 나들이 갔던 기억, 아이의 생일날 엄마, 아빠로부터 자전거를 선물 받았던 기억, 폭풍우가 쳐 온 집 안이 정전되었던 날의 기억. 그리고 아빠와 헤어져 엄마와 단둘이 트럭에 짐을 싣고 낯선 곳으로 떠나오던 기억까지. 아이의 곁에는 아빠가 준 곰 인형이 있었다.
> 아빠와 이별을 하고 새로운 집으로 이사를 와 보내는 첫날 밤, 두 사람은 따뜻한 가족의 기억을 통해 서로를 위로한다. 시드니 스미스의 자전적 이야기로 가족에게 찾아온 변화와 그에 따른 감정, 그리고 두려움을 희망으로 바꾸는 '기억'에 관한 이야기이다.

《나는 강물처럼 말해요》 조던 스콧 글, 시드니 스미스 그림, 김지은 옮김, 책읽는곰

시드니 스미스에 관한 기사를 준비하며 그가 자신의 그림책에 대해 언급한 많은 인터뷰를 살펴보았다. 그의 인터뷰는 대부분 진지했고, 모든 작업, 모든 장면에 고민과 정성을 다하는 작가의 모습이 생생히 그려졌다. 그리고 더 많이 궁금해졌다. 2014년 《Music is for Everyone》의 그림 작가로 첫 책을 낸 후 10년 만에 세계 그림책 무대에서 빼놓을 수 없는 거장이 된 시드니 스미스가 말이다! 그의 이야기를 직접 듣고 싶었다. 그리고 마침내…

국내 최초! 시드니 스미스 단독 인터뷰! 대 공개!

Editor 오현수

● **여러 작가와 협업해 아름다운 작품을 발표해 왔는데 작품을 고르는 어떤 기준이 있나요?**

협업 여부를 몇 개 요소에 영향 받는 것과 책의 성공을 예측하기가 어렵다는 걸 인정하는 것이 민망합니다. 긴 글은 지루하다고 느끼는 편이라 항상 더 짧고 간결한 글에 끌립니다. 너무 문자 그대로인 글이나 시각적으로 묘사하는 글을 좋아하지 않습니다. 글뿐만 아니라 그림을 통해 이야기를 전달하는 책을 좋아하지요. 몇 가지 기준이 있지만, 프로젝트 선택에서 중요한 것은 '걸림돌' 여부를 확인하는 거예요.

저는 교훈적이고 가르침을 주는 책을 좋아하지 않습니다. '엄마'나 '아빠'라는 단어를 소리 내어 말하는 게 불편해서 책에 사용하는 걸 좋아하지 않고요. 누군가가 앉아서 "나는 아이들을 위한 책을 쓰고 싶어요. 아이들은 무엇을 좋아할까요?"라고 말하는 듯한 책이 종종 있어요. 저는 이게 정말 위험한 방법 같아요. 외부 세계를 모두가 같은 것을 좋아하고 같은 것을 싫어하는 상상 속의 그룹, '타자'로 바라보고 있는 거 같거든요. 이런 걸림돌이 없는 글을 만난다면 협업할 생각입니다.

그런데 사실 《나는 강물처럼 말해요》는 즐겁게 읽은 글이긴 하지만, 기본적으로 내 책을 쓰는 동안 일거리가 필요해 협업을 수락했습니다. 조던 스콧 작가를 실제로 만나 작업을 시작하고서야 글에서 정말 특별하고 진실하고 강력한 무언가를 발견했지요. 제 첫인상이 항상 정확하지는 않습니다.

● **《괜찮을 거야》와 《기억나요?》 두 권의 그림책은 직접 글을 쓰고 그림을 그렸어요. 다른 사람의 글에 그림 작가로 참여하는 것과 직접 글과 그림 모두를 작업하는 것, 어떤 과정이 더 도전적인가요?**

《괜찮을 거야》를 쓸 때, 참고용으로 스케치북에 제가 사는 도시 풍경을 가득 그렸습니다. 도시 안에서 수백만 명의 사람들에게 둘러싸여 있지만, 혼자인 것이 주는 고립된 느낌에 대해 글을 쓰고 싶었지요. 부정적인 방식이 아니라, 저는 토론토 크기의 대도시를 탐색하는 데 필요한 익명성과 소속감을 즐겼어요. 이미지는 계속해서 떠올랐지만, 글은 나중에야 떠올랐습니다. 이 모든 과정이 기분 좋았고, 결국 이야기가 전개되는 방식도 만족스러웠습니다. 사실 《괜찮을 거야》는 특정한 도전을 염두에 두고 쓴 책이에요. 그림이나 글만으로는 전달할 수 없는 이야기를 만들고 싶었습니다. 두 요소가 각각 이야기꾼의 역할을 하기를 원했지요. 제가 직접 글을 써야만 할 수 있는 일이었어요.

《기억나요?》에서는 글쓰기 과정을 다르게 접근했습니다. 이야기의 시공간이 모양새를 갖춰가는 대신에 곧바로 기억이라는 주제에 집중한 다음, 그것에 맞는 무언가를 형성하려고 노력했습니다. 책을 쓰려는 사람에게 이 과정을 추천하지는 않아요. 이야기에 귀 기울일 때, 가고 싶은 방향이 어디인지 알게 되고 훨씬 좋을 거예요.

다른 사람의 글에 그림을 그리는 것은 다른 도전입니다. 글과 그림 사이에 간극과 리듬이 생기도록 세분화해야 합니다. 문제 해결 과정과 좀 비슷합니다. 내가 어떻게 하면 이 글이 흥미롭고, 매력적이고, 도전적이고, 다시 보고 싶게 만들 수 있을까? 글에 그림이 어떻게 생기를 불어넣고 영향을 주어 더 깊은 의미를 창출할 수 있을까? 저는 제 글을 작업할 때보다 다른 사람이 쓴 글에 그림 작업을 할 때, 더욱 흥미진진한 해답을 찾는 것을 여러 번 발견하곤 합니다.

I don't like books that are didactic or teach a lesson.

● 　토론토의 풍경이 보이는 《거리에 핀 꽃》, 《괜찮을 거야》 외에도 작가님의 작품에선 장소성이 강하게 느껴집니다. 《바닷가 탄광 마을》에서는 배경이 되는 탄광 지역을 직접 방문하고 작업을 하셨다고요?

《바닷가 탄광 마을》의 배경 지역 방문은 저에게 매우 중요했습니다. 굉장히 친숙한 지방이지만, 책 속의 탄광촌인 '글레이스베이'에 실제로 가 본 적은 없었거든요. 그곳의 지역성과 문화가 강하고 독특하다는 것을 알고 있었기 때문에 제가 제대로 표현하고 있는지 확인하고 싶었습니다. 작은 마을에 도착하자마자 오길 정말 잘했다고 생각했어요. 마을 안이나 바닷가의 절벽 위, 폐광된 탄광의 터널을 다니면서, 작업에 꼭 필요한 자신감과 작가로서 권위를 어느 정도 가지게 되었지요. 내용 표현의 정확성을 살리고 시각적인 구성 요소에 보편성을 더할 수 있었어요. 《바닷가 탄광 마을》은 시대와 장소가 특정한 곳을 배경으로 하지만, 동시에 일과 가족이라는 주제로 보면 보편적인 이야기입니다.

● 　초기 작품 그림에서는 잉크 선이 돋보이다가 최근작에는 질감과 색채가 두드러집니다. 작가님이 그림 작업할 때 선호하는 미술 재료나 기법, 작업 방식이 궁금해요.

어디를 가든 붓펜을 항상 들고 다닙니다. 영감이 떠오르는 순간에 스케치 도구가 없어 놓치는 것이 정말 싫거든요. 제 이미지 제작 방식은 전통적이에요. 가능하면 포토샵은 사용하지 않습니다. 디지털 이미지에 반감은 없지만, 덜 사용할수록 제가 목표한 바가 더 잘 표현되어 행복합니다.

작업 초기에는 주로 붓과 수채물감을 사용했고, 감정적이고 직관적인 표현 방식을 추구했습니다. 붓을 통제하려고 하지 않을수록 더 좋았습니다. 수채화 기법은 그 나름의 자율성을 가지고 있어요. 긴장을 풀고 자신감 있게 행하고, 관객처럼 지켜봅니다. 그림 더욱더 기분 좋은 놀라움을 선사해 주죠. 안료를 조색하고, 색이 모였다 퍼져나가는 과정에서 또 다른 반항이 일어납니다. 표현력의 영역에서 더욱더 관심을 가지고 도전하게 돼요.

최근 책을 위해서는 펜을 내려놓고, 수채물감과 구아슈, 원색소와 잉크를 사용했습니다. 그것들을 섞고 실험하면 때때로 믿을 수 없을 만큼 만족스러운 결과가 나오곤 하지요. 스케치하고 계획한 대로 따라가는 것으로는 이제 만족스럽지 않아요. 그 결과에 놀랐으면 합니다.

● 　빛과 그림자를 쓰는 방식이 굉장히 대담합니다. 《나는 강물처럼 말해요》에서 주인공 얼굴의 윤곽선 따라서 뒤에서 비추는 빛이 마치 성화 속의 후광 같아요. 이러한 표현 방식은 어떻게 나타났나요?

잉크를 사용한 이후로 그림자를 활용하는 것이 정말 만족스러워졌습니다. 그림자는 구도에 영향을 미치고 세부 사항을 모호하게 만듭니다. 독자의 눈길을 끌며 도발하지요. 여기에는 어느 정도 작가의 자신감도 요구됩니다. 일단 제가 화가들이 하듯이 빛을 가지고 놀기 시작하자, 그림자가 기억을 감정적으로 떠올리게 하는 것을 알게 되었습니다. 여기저기에 간단한 하이라이트를 추가하는 것만으로도 무언가 마음 챙김이랄까, 어쩌면 숭고한 느낌마저 더합니다. 제대로만 칠하면 여러분이 그런 감정을 느끼게 되는, 빛이란 그런 존재지요. 가치와 광원을 논의하는 것만으로는 빛을 분절시킬 수 없습니다. 제대로 작업하면 작동합니다. 그게 제가 일하는 방식입니다. 제대로 효과가 생겼다 느낄 때까지 그림을 그립니다.

I have always carried a brush pen with me, no matter where I go. I don't like the feeling of being caught without a sketching material when the moment strikes me.

● **당신의 그림책은 마치 한 편의 단편 영화를 보는 느낌을 줄 때가 많습니다.**

제가 어렸을 때, 아버지가 심령술사를 만나러 가셨습니다. 심령술사가 자녀들에 대해 이야기하면서 제가 영화를 만들어야 한다, 그러면 성공할 거라고 했답니다. 그 이후로 저는 항상 영화감독이 되고 싶었습니다. 독특한 언어의 끊임없는 혁신으로 진화하는, 상대적으로 젊은 예술 형식인 영화에 매료되었지요.
그림책 작가가 된다는 것은 감독, 배우, 촬영 감독, 편집자 역할을 모두 할 수 있습니다. 저는 정보와 감정을 드러내는 방식에 독자가 어떻게 반응할까 생각합니다. 독자의 관심을 끌어내고, 계속해서 페이지를 넘기게 만드는 것은 무엇일까? 영화와 그림책은 믿을 수 없을 정도로, 놀랄 만큼 유사합니다. 푹 빠져들 만큼 매력적입니다.

● **영화적 기법을 활용해 표현한 그림책이 있나요?**

제가 사용하려고 노력하는 영화적 기법은 정보의 공개와 관련이 깊습니다. 독자가 느끼는 감정이나 생각을 예측하고 그것을 이용하여 예상치 못한 반전을 만들어 냅니다. 《괜찮을 거야》에서는 누군가에게 말하는 화자의 목소리가 들립니다. 직감적으로 독자는 화자가 자신에게 말하는 것이라고 느끼지만, 결국 화자는 잃어버린 고양이에게 말하는 걸로 밝혀집니다. 관객을 총괄하고 관객의 착각을 이용하여 반전을 만드는 영화 같은 느낌이 이야기 전반에 걸쳐 서서히 나타나도록 했습니다.

● **일러스트레이터로서 영화적 기법을 사용한 장면도 있나요? 있다면 가장 좋아하거나 잘 표현된 페이지가 궁금합니다.**

《나는 강물처럼 말해요》에서 주인공 소년이 자신의 말더듬증을 받아들이고 눈을 감는 순간, 그와 동시에 독자가 그의 감정을 공감하는 카타르시스가 일어나는 순간이 있습니다. 이 장면에는 영화적인 요소가 있습니다. 하지만 동시에 이 장치는 그림책만의 독특한 요소이기도 합니다. 독자가 접힌 책장을 양쪽으로 여는 순간 빛이 드러나죠. 저는 이 순간을 정말 자랑스럽게 생각합니다. 카타르시스를 느끼는 내면 상태를 젖은 종이 위로 물감이 번지게 하는 기법을 사용해, 소년의 수영하는 모습으로 더 온화하게 표현되도록 했습니다. 거기에 의도적으로 그림을 원래 크기보다 작게 그려서, 페이지에 맞게 확대했어요. 이는 물감과 색소의 질감이 더 잘 전달되고 느낌을 더 잘 표현할 수 있도록 하기 위해서였지요.

How to predict what the reader is feeling or thinking and using that to create an unexpected turn.

● **가장 최근 작품인 《기억나요?》에 대해 이야기를 나눠 보겠습니다. 책은 당신의 어린 시절 이야기를 담아내고 있습니다. 자전적인 글쓰기는 필연적으로 작가에게 과거의 자신과 직면하게 만듭니다. 그 과정에서 어려움은 없었나요?**

저는 기억에 관한 이야기를 쓰고 싶었습니다. 기억은 보편적 주제지만 개개인의 마음속에는 완전히 고유한 것이지요. 시각 예술가로서, 제 마음속에 있는 기억이 어떤 모습인지 보여 줄 기회가 있겠다고 생각했고, 그러기 위해서 제 안에 있는 기억을 공유할 필요가 있었지요. 하지만 일단 그 문을 열자, 문을 닫을 수가 없었습니다. 저에게는 중요하지만 힘든 기억이 있었고, 가족에 대한 기억은 지금까지도 저에게 영향을 미치고 있습니다. 처음에는 그것들을 포함하고 싶지 않았지만, 어떤 기억을 배제하는 것은 기만행위처럼 느껴졌어요. 비록 내 가족에게 어려운 시기를 떠올리게 하는 일이더라도 저 자신을 정의하기 위해 포함할 필요가 있었습니다. 평소라면 이야기하지 않는, 어려운 시절의 이야기입니다.

● **《기억나요?》를 통해 독자들과 공유하고 싶은 것이 있나요?**

이 책은 제 어머니를 위해 썼습니다. 책 출간 후에는 독자들의 반응이 어떤지 생각하지 않으려 노력하지만 출간 이후 아름다운 후기를 많이 받았습니다. 같은 경험을 가진 사람들에게 더 크게 다가갈 이야기이지만 모든 사람에게 적용될 수 있는 이야기입니다.

● **《기억나요?》에서 당신이 가장 좋아하는 장면은 무엇인가요?**

《기억나요?》에서 가장 좋아하는 펼침 장면 중 하나는 자동차 안의 장면입니다. 수채화 물감과 얼룩덜룩한 페인트 자국은 자동차 안과 부드러운 경계선을 가진 바깥 세계의 분리를 만들어 냅니다. 거울에 비친 반사 풍경에서 엄마 얼굴도 살짝 보이지만 거기에서 아들의 미소를 목격할 수 있습니다. 기쁨의 미소가 아니라 "괜찮을 거야."라고 말하는 위로의 미소입니다. 이 책은 저에게 부모이자 아이로서 생각하고 볼 수 있는 기회를 주었습니다. 전에는 한 번도 가져 본 적 없는 기회가 저를 변화시켰습니다.

The smile is not a smile
of joy but of comfort,
his smile says,
"it will be ok".
This book gave me the
opportunity to think and
see as both parent and
child. An opportunity
that I have never had
before and has changed me.

● 그게 제가 일하는 방식입니다. 제대로 효과가 생겼다 느낄 때까지 그림을 그립니다.

● 어디를 가든 붓펜을 항상 들고 다닙니다. 영감이 떠오르는 순간에 스케치 도구가 없어 놓치는 것이 정말 싫거든요.

작가 제공 ©Sydney Smith

● **당신의 그림책은 다양한 연령대의 독자들에게 사랑받고 있습니다. 어린이 독자뿐만 아니라 성인 독자도 당신의 그림책에 감동하는 이유는 뭐라고 생각하나요?**

예술 학교에서 저는 어린 시절을 주제로 한 서사적 이미지를 사용해 미술 창작을 했습니다. 특별히 어린이를 위한 그림은 아니었고, 보다 보편적인 주제를 전달하는 수단으로서 순수 회화로 표현되었습니다. 저는 그런 방식을 계속 선호해 왔습니다. 어린 시절의 경험을 활용하여 그때와 현재, 그리고 미래의 나에게 영향을 미친 것에 대해 이야기합니다. 어린이와 관련된 많은 주제는 모든 연령층에 적용됩니다. 사랑, 가족, 두려움, 만족, 슬픔 등은 그중 일부에 불과합니다. 문제는 아이들에게만 적용된다고 생각하고 책을 쓰려고 자리에 앉았을 때입니다. 그럼 곧 한계에 부딪히게 될 것입니다. 나 자신에게 중요한 것에 집중하면, 나이에 상관없이 여러 연령의 사람들이 나의 그림책을 찾을 거라 생각합니다.

● **그림책 작가들에게 유용한 조언이네요. 그림 롤 모델로 당신을 바라보는 그림책 작가 지망생들에게 조언을 좀 더 해주세요.**

일러스트레이터로서 고려해야 할 세 가지 요소가 있다고 어디선가 읽은 적 있습니다. 기술, 시간 엄수, 전문성입니다. 분명히, 재능과 능숙함은 중요한 자산이며, 제시간에 작업을 완료하는 것도 매우 중요합니다. 마찬가지로, 비판을 잘 받아들이고, 수정 사항에 대해 열린 마음을 갖고, 출판사의 요청을 품위 있게 받아들이는 것이 중요합니다. 일러스트레이터가 되려면 이 세 가지 자질 중 적어도 두 가지를 갖추어야 합니다. 이 세 가지를 모두 구현할 수 있다면 오랫동안 성공적인 경력을 쌓을 수 있을 것입니다.

● **이번에는 당신의 그림책을 보며 그림책 작가를 꿈꾸는 어린이들에게 전해주고 싶은 이야기가 있을까요?**

저는 어렸을 때 특별히 재능 있는 예술가가 아니었어요. 대신에 그림 그리기를 가장 좋아하는 아이였습니다. 친구들과 떨어져 낯설고 아는 이가 아무도 없는 곳으로 이사 갔을 때, 그림은 제 상상력을 집중시킬 곳을 제공해 주고 피난처도 되어주었습니다. 제가 괴물과 로봇, 슈퍼 영웅과 용을 그렸을 때 모두 진짜가 되었습니다. 용의 비늘이 느껴졌고, 괴물의 으르렁거리는 소리가 들렸고, 슈퍼 영웅의 힘도 느껴졌습니다. 그 그림들은 저와 함께했고 저는 그림 그리기에 더 깊이 빠져들었습니다. 그리고 계속 그렸지요. (비밀이지만 지금도 괴물 그리는 것을 좋아합니다.)

I wasn't a particularly
talented artist when
I was a kid but instead
I was the one who loved it
the most.
It provided a place
to focus my imagination
and a sanctuary to escape.

and there she is,
hidden in the steam
of boiling potatoes,
dancing between the
sink, fridge, and stove.

A hand holding a beet,
a leg opening a cupboard,
an elbow closing
the fridge door.

《할머니의 뜰에서》

all the way here.

〈기억나요?〉

《나는 강물처럼 말해요》

《나는 강물처럼 말해요》

● **마지막으로 당신의 다음 책이 궁금합니다. 현재 진행 중인 그림책 이야기를 부탁드릴게요.**

맥 바넷이 쓴 크리스마스 이야기를 함께 했습니다. 제 작업 때문에 때때로 생기는 감정 소진에서 벗어나게 하는 반가운 휴식 같았습니다. 새로운 도전 과제는 아늑함과 따뜻함을 불러들이는 것이었습니다. 그 과정이 쉽지만은 않았지만, 그 결과에 만족합니다. 특히 북극을 유서 깊은 제조업 중심 마을로 설정해 생각하는 것이 즐거웠습니다. 귀여움은 좀 빼고, 현실성을 더 많이. 이것이 저를 더 현실처럼 만들었어요. 크리스마스 때 자리한 아늑한 느낌을 주기 위해 빛과 색채를 사용하는 것은 여전히 즐거운 일이었지요.

저는 브라이언 플로카 작가가 쓴 폭풍에 관한 책도 작업 중입니다. 책 작업을 위해 그림물감을 여기저기 던지며 재미있게 놀고 있습니다.

2024년 안데르센 상을 수상하며 세계 그림책계 중심에 우뚝 선 작가 시드니 스미스. 그의 그림책을 펼칠 때면 순간 아련해지기도 했다가 글이 없는 페이지인데도 터져 나오는 서사와 감정에 마음이 먹먹하게 울리는 경험도 하게 된다. 이번 특집 기사를 준비하며 많은 분들과 이 경험을 공유하고 싶었다. 작가가 직접 골라 보내 준 그림책 장면에 오래 머물러 보기를, 그리고 그의 그림책을 펼치고 다시 한번 그를 만나기를 권한다.

〈라키비움J〉를 위해 기꺼이 인터뷰에 응해준 시드니 스미스에게 다시 한번 감사의 인사를 전하며, 독자에게 전하는 그의 이야기가 잘 전달되었기를 바란다.

I am curious, confused, sensitive author and illustrator.

June 1st, 2024 <Larchiveum J> interview.

BLUE M

⟨Woman reading a letter⟩ Johannes Vermeer

⟨Sunlight in the Blue Room⟩ Anna Ancher

하예라의 음악이 흐르는 그림책

Editor 하예라

음악을 들으면 그림책이 떠오르고, 그림책을 읽으면 음악이 흐릅니다. 피아니스트, 음악 교육가이자 9세 아이의 엄마인 하예라는 '먹이를 찾아 산기슭을 어슬렁거리는 하이에나'처럼 그림책과 클래식 음악의 연결고리를 찾아 헤매고 있습니다. 그림책이 노래하고 음악이 보이는 예술 경험이 누구에게나 당연한 것이 되길 꿈꾸며 글을 쓰고 강의를 하고 연주를 합니다. 이 글을 읽는 독자에게도 그림책이 음악이 되어 귓가에 흐르는 순간이 오길 바라요.

🎵 함께 들을 음악과 그림책 📖

비발디 〈사계〉

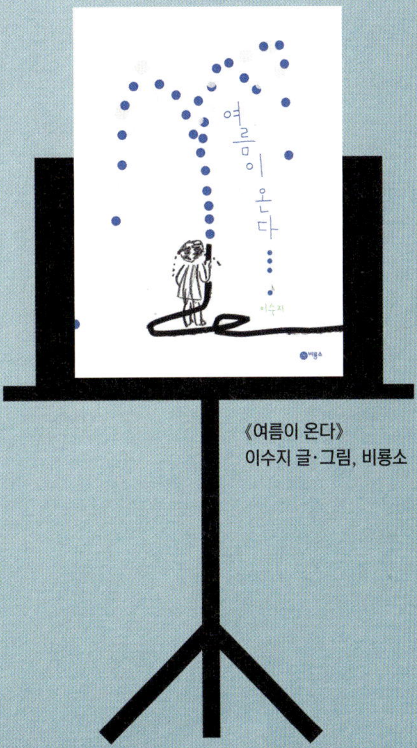

《여름이 온다》
이수지 글·그림, 비룡소

여름, 음악 그리고 그림책. 우리를 뜨겁게 하는 세 개의 단어. 그리고 이 단어를 떠올리면 가장 먼저 생각나는 그림책 《여름이 온다》. 격렬하게 즐거운 물놀이와 한여름의 변화무쌍한 날씨, 그리고 비발디. 이렇게 서로 만나면 뭐라도 나오겠다는 상상을 했다는 이수지 작가의 《여름이 온다》는 비발디의 〈사계〉 중 '여름' 음악을 읽고 볼 수 있게 만든 그림책입니다. 한낮의 여름은 야금야금 오지 않습니다. 어느 순간 훅하고 우리의 몸과 마음을 뜨겁게 달구죠. 그런데 그림책 《여름이 온다》는 훅하고 오기엔 어려운 그림책이기도 합니다. 글도 별로 없고 서사도 없이 그림과 찰나의 순간만이 존재하는 느낌이랄까요. 물론 그것만으로도 충분히 멋진 그림책입니다만, 조금 더 깊고 즐겁게 그림책과 음악의 만남을 원하는 독자를 위해 준비했습니다. 비발디의 바이올린 협주곡 〈사계〉와 함께 듣는 그림책 《여름이 온다》 사용 설명서, 지금 시작합니다!

♩ 미리 알아두면 좋은 음악 지식 ♪

협주곡(concerto)
독주 악기와 관현악단이 함께 연주하는 악곡의 형식. '협력하다'와 '서로 겨루다'라는 뜻을 동시에 가지고 있어, 독주 악기와 관현악단이 번갈아 대결하듯 나오기도 하고 함께 조화를 이루며 연주하기도 한다.

악장(movement)
악곡의 부분을 부르는 말. 비발디의 『사계』 중 「여름」은 3악장 구조, 즉 세 개의 소곡으로 이루어진 협주곡이다.

음악이 된 시

비발디의 〈사계〉를 이해하기 위해서는 '소네트'를 살펴봐야 해요. 소네트는 13세기 이탈리아에서 발생한 유럽의 정형시 중 하나입니다. 정형시는 일정한 규칙을 가진 시를 말해요. 그중 특정한 규칙을 갖춘 14행의 시를 소네트라고 부릅니다. 단테, 셰익스피어 등 당대의 뛰어난 문학가가 즐겨 썼던 시가 바로 소네트예요. 왜 음악 대신 문학 이야기만 하고 있냐고요? 바로 비발디의 〈사계〉에 이 소네트가 붙어있기 때문이죠. 비발디는 사계절을 묘사한 소네트에서 영감을 받아 '봄', '여름', '가을', '겨울' 협주곡을 작곡했습니다. 이 네 개의 협주곡을 모아 〈사계〉라고 부르는 거예요. 비발디는 각 계절의 소네트를 세 부분으로 나눈 뒤 그 내용을 세 개의 소곡, 즉 악장으로 묘사했어요. '여름'의 3악장에 붙은 소네트를 한 번 읽어 볼까요?

여름

1악장(너무 빠르지 않게)
불타는 태양의 계절에는 사람도, 가축도 지치고 소나무도 시든다. 뻐꾸기가 울기 시작한다. 산비둘기와 방울새의 달콤한 노래도 들린다. 산들바람이 불지만 갑작스런 북풍이 불어닥친다. 목동은 격렬한 폭풍에 덜덜 떨고 있다.

2악장(느리게 - 빠르게)
번개와 천둥소리에 피로한 몸을 쉴 수도 없다. 파리 떼의 요란한 소리까지 거든다.

3악장(빠르게)
아, 그의 두려움은 그럴 만하다. 하늘은 천둥을 울리고 우박을 내려 익은 열매와 곡물을 모두 쓸어버린다.

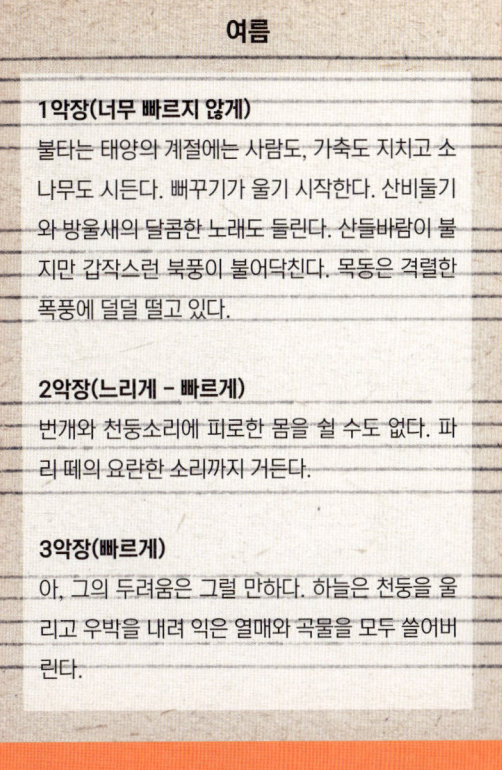

시가 된 음악

〈사계〉는 그냥 들어도 좋지만, 악보에 적힌 소네트를 살피며 들을 때 훨씬 재미있는 감상이 된답니다. 시의 문구 하나하나를 구체적으로 악기가 묘사하고 있기 때문이죠. '여름'의 1악장 소네트 첫 부분 '불타는 태양의 계절에는 사람도, 가축도 지치고, 소나무도 시든다.'를 묘사한 부분을 살펴보면, 음악이 뚝뚝 끊어져요. 너무 더운 여름엔 말도 길게 하기 싫잖아요. 악기도 두 음 내고 쉬고, 세 음 내고 쉬고 있어요. 또 전체적으로 음악이 하행하는 구조입니다. 음이 내려간다는 뜻이에요. 두 개의 음표가 소리를 낼 때도 '도레' 하면서 위로 올라가는 게 아니라 '레도' 이렇게 내려가는 음형을 쓰고 있어요. 3행 '뻐꾸기가 울기 시작한다.' 부분이 나오면, 음악의 진행이 빨라집니다. 바이올린 연주에서 "뻐꾹" 하는 소리를 들을 수 있어요. 이런 식으로 비발디는 곡 전체에서 14행의 소네트를 모두 표현하고 있어요.

여름이 온다

그림책이 된 음악

《여름이 온다》는 이수지 작가가 아이를 키우면서 실제 경험한 한여름의 느낌을 비발디의 〈사계〉 중 '여름' 악장 구성을 따라 표현한 그림책입니다. 작가는 "귓가에 비발디의 〈사계〉 중 '여름'이 흐르자 갑자기 음표가 물방울처럼 통통 튀고 악보에서 우르릉 천둥이 쳤습니다. 이제 독자 여러분은 마련된 객석으로 입장해 주시기 바랍니다."라고 말합니다. 비발디의 〈사계〉를 알아야 《여름이 온다》를 더 잘 이해할 수 있는 이유가 바로 여기 있어요. 비발디의 '여름' 1악장은 뜨거운 여름의 태양 속 폭풍의 예고, 2악장에서는 더위에 축축 늘어지는 몸을 쉴 수도 없이 만드는 파리 떼의 요란한 소리, 마지막 3악장은 익은 곡식을 쓸어 버리는 천둥과 우박을 표현하고 있어요. 이수지의 《여름이 온다》는 비발디의 음악을 바탕으로 살짝 재구성되었습니다. 1악장은 색색깔깔의 물풍선을 터뜨리는 아이들의 물놀이, 2악장은 우르릉대는 천둥소리와 먹구름 그리고 무지개, 마지막 3악장은 몰아치는 바람과 장대비, 번쩍이는 번개 속에서도 신나는 음악과 아이들의 모습을 보여 주지요.

비발디가 음악을 통해 다채로운 묘사를 들려준 것처럼 작가도 다양한 재료를 통해 여름의 아이들과 변화무쌍한 날씨를 표현하고 있어요. 1악장에서는 색종이 콜라주와 크레용으로 즉흥적이고 자유로운 분위기를, 2악장에서는 악보 위에 직접 그린 그림으로 보이는 음악을, 3악장에서는 연필 선이 드러나는 담채와 아크릴 물감을 혼용하여 다양한 질감으로 폭풍우를 묘사하고 있답니다.

더불어 책의 곳곳에는 음악과 관련한 시각 요소가 풍성하게 그려져 있어요. 먼저 그림책은 음악회의 무대로 연주자들이 등장하면서 시작합니다. 피아노에 앉아 있는 건 이수지 작가 본인이죠. 오케스트라 악장의 A선 소리에 맞춰 모든 단원이 조율을 끝내고 나면 비로소 무대의 막이 열립니다. 특히 3악장에서는 연주자들의 모습이 더 많이 드러나고 있어요.

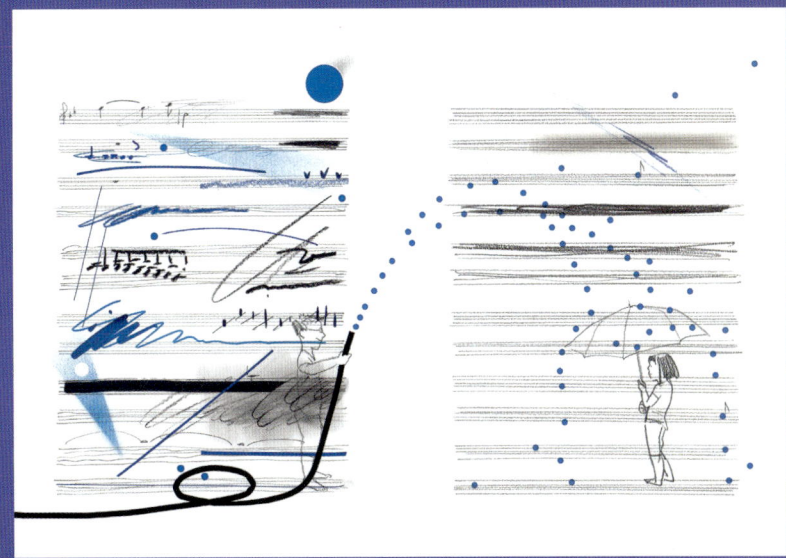

이 정도면 〈사계〉와 함께 《여름이 온다》를 감상할 준비가 완벽히 끝난 거 같다고요? 중요한 한 가지를 빠트렸어요. 이수지 작가는 글 없는 그림책을 많이 쓴 작가로 유명합니다. 《여름이 온다》 역시 글이 거의 없이 그림으로만 이루어졌고요. 그런데 〈사계〉를 그림책으로 옮기며 소네트를 빠트릴 순 없잖아요. 이수지 작가는 비발디가 선택한 소네트를 그대로 사용하지 않고 작가의 언어로 각색해서 아이의 말투처럼, 아이의 일기 구절처럼 그림책에 담았습니다. 비발디의 소네트와 이수지의 소네트를 함께 비교해 보는 즐거움 절대 놓치지 마세요!

♬ 비발디의 음악과 함께 즐기는 《여름이 온다》
이제 음악을 들으며 그림책을 감상할 차례입니다. 비발디의 〈사계〉는 너무나 유명한 작품이라 음악가들의 다양한 연주 버전이 존재합니다. 그중에서도 이수지 작가가 작업하며 들은 연주는 주로 이 무지치, 줄리아노 카르미뇰라, 파비오 비온디의 연주였다고 해요. 특히 파비오 비온디의 연주는 몰아붙이는 격렬함이 굉장해서 다른 연주를 들으면 맥이 빠질 지경이었다고 합니다. 막스 리히터의 〈재구성-비발디의 사계〉는 작업이 풀리지 않을 때 명상하듯 들었다고 해요.

♬ 하예라가 추천하는 비발디의 〈사계〉 연주 : 가브리엘라 몬테로 '여름과 겨울'
이수지 작가는 그림뿐만 아니라 음악 고르는 안목도 탁월해요. 위에 언급한 음반 모두 명반이거든요. 이외의 음반 중 하나를 꼽자면 베네수엘라의 여성 피아니스트 가브리엘라 몬테로의 〈사계〉 즉흥연주를 추천하고 싶어요. 비발디의 〈사계〉는 바이올린 협주곡이에요. 그런데 몬테로는 이 곡을 피아노 독주곡으로 재탄생시켰어요. 그것도 즉흥연주로 말이죠! 〈사계〉 중 '여름'의 3악장과 '겨울'의 1악장을 합쳐서 하나의 곡으로 만들어 냈답니다.

음악이 들리는 여름 그림책

1

《물이 되는 꿈》 루시드 폴 글, 이수지 그림, 청어람미디어

클래식보다는 가요가 끌리는 독자분들, 계시죠? 그럴 줄 알고 이수지 작가가 준비한 그림책이 또 있답니다. 루시드 폴의 노래 가사에 이수지의 그림이 함께 만난 그림책《물이 되는 꿈》이에요. 병풍처럼 쭉 세울 수 있는 그림책이라 길게 늘여 놓고 보거나, 뒷면에 그려진 악보를 보며 음악과 함께 감상해 보세요.

루시드 폴 '물이 되는 꿈'

가브리엘라 몬테로 '여름과 가을'

《노란 우산》 류재수 그림, 신동일 작곡, 보림

들리는 그림책의 효시 같은 작품이죠. 글 대신 음악이 그림과 더불어 이야기를 들려주는 책입니다. 기획부터 그림과 함께 음악 작업이 이루어진 책이죠. 자박자박 빗소리, 삼삼오오 모여 학교에 가는 아이들의 모습이 눈으로 보이고 귀로 들린답니다.

《비오니까 참 좋다》 오나리 유코 글, 하타 고시로 그림, 황진희 옮김, 나는별

톡 톡 토독, 우다다다 쏴아, 첨벙! 여름날 오후 상쾌한 장대비가 쏟아지며 뜨거운 여름을 적시는 소리가 울려 퍼집니다. 온 세상을 가득 채운 비의 합창 소리는 음악 그 자체죠. 쇼팽의 〈빗방울 전주곡〉과 함께 톡 톡 떨어지는 빗방울, 천둥소리, 구름 사이로 옅게 비치는 햇빛을 상상하며 그림책을 읽어 보세요.

《모두 다 음악》 미란 글·그림, 사계절

그림 곳곳에 악기가 숨어 있는 음악 그림책이에요. 표지에도 8분음표와 8분쉼표가 등장하죠. 조지 거슈윈의 피아노 협주곡 〈랩소디 인 블루〉와 함께 이 그림책을 감상해 보세요. 그림책에 등장하는 악기가 나오는지 찾아보면서요. 끈적이면서도 청량한 재즈풍의 클래식은 뜨거운 여름에 얼음 동동 띄운 음료를 옆에 두고 읽는 그림책만큼이나 좋답니다.

《작은 연못》 김민기 글, 정진호 그림, 창비

좋은 노래는 세월이 흘러도 언제나 우리 곁에 남아 있죠. 1972년에 발표된 가요 '작은 연못'은 70년대 시대 상황을 비판하는 가사로 울림을 줬다면, 정진호 작가의 그림을 만난 그림책은 환경오염에 대한 메시지를 통해 현시대의 문제를 보여 주고 있어요.

《음악이 흐르면》 이이삼 글·그림, 올리

레코드판 위로 사람들이 하나둘 모여 춤을 춥니다. 아이부터 어른까지 각자 자유롭게, 또 같이 어우러지면서. 춤을 추는 장면만 보는데도 음악이 흐르는 것처럼 느껴집니다. 자유롭게 리듬을 느끼며 그림책을 읽어 보세요.

"모두 모여 우리 함께!"

*인스타그램 @allnonly.book

서울와우북 페스티벌
제9회 2023
상상만발 책그림전
당선작

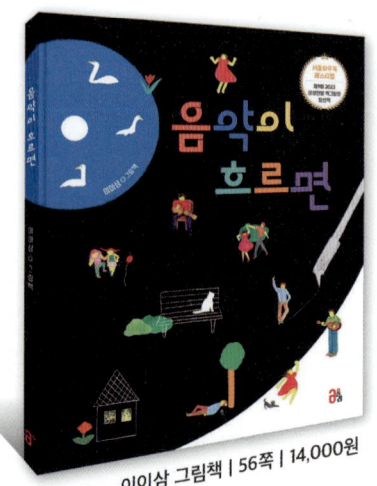

가장 멋진 음악은 함께 어우러지는 것

레코드판을 턴테이블에 올리면 음악이 시작돼.
흔들리는 잎처럼 흩날리는 꽃잎처럼 춤을 추지 않을래?
여럿이어도 넷이어도 둘이어도 혼자여도 괜찮아.
모두 다 다르면 어때? 규칙은 없어.
선물과 같은 음악이 선사하는 즐거움을 만끽해 봐!

이이삼 그림책 | 56쪽 | 14,000원

어린이의 미래를 디자인하는 콘텐츠 스쿨 ; 올리

민주인권그림책

- 권정민, 정진호, 이명애, 서현, 오소리 등 국내외 13명의 작가가 참여한 논픽션 그림책
- 어린이부터 성인까지, 민주주의와 인권의 의미를 일상 속에서 쉽게 이해하도록 담다
- 차별과 불평등, 이주노동, 성평등, 동물권 등 다양한 사회적 의제를 다룬 책
- 2024년 10월, 민주화운동기념관 개관에 맞춰 시리즈(전 8권) 완간 예정

당신을 측정해 드립니다 권정민 그림책
위트와 아이러니로 우리 사회의 차별을 측정하다

바나나가 더 일찍 오려면 정진호 그림책
편리한 소비 속에 숨겨진 노동 이야기

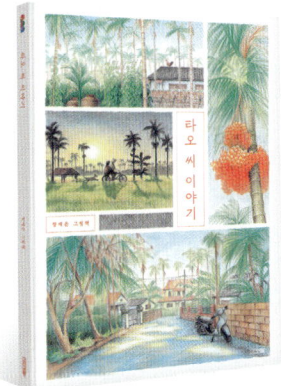

타오 씨 이야기 장재은 그림책
이주노동자의 현실을 그린 다큐멘터리 그림책

 **민주인권그림책은**
우리가 사는 사회를 촘촘하게 들여다보고
다양한 사회적 의제를 성실히 다룬 논픽션 시리즈입니다.

바나나가 더 일찍 오려면 정진호 그림책
#새벽배송 #노동 #사회 #순환

당신을 측정해 드립니다 권정민 그림책
#차별 #불평등 #인간의 존엄성

타오 씨 이야기 장재은 그림책
#이주노동 #다문화 #가족

휘슬이 두 번 울릴 때까지 이명애 그림책 (7월 출간 예정)
#피구 #스포츠 #폭력성

두 점 이야기 요안나 올레호 글, 에드가르 봉크 그림 (7월 출간 예정)
#성역할 고정관념 #성평등 #역사

건축물의 기억 오소리, 최경식, 홍지혜 그림책 (9월 출간 예정)
#국가폭력 #민주화운동 #기록

호두와 사람 조원희 그림책 (9월 출간 예정)
#동물권 #관계 #공존

멋진 민주 단어 그림책 서현, 소복이, 한성민 그림책 (10월 출간 예정)
#민주주의 #나다움 #존중 #연대

Editor 이미리

그림책에서 모나리자를 찾아라!

아이가 3살부터 명화 그림책을 함께 읽었으니, 햇수로 6년 차. 명화를 즐겨 보면 감각기관이 자극되어 뇌 발달에 도움이 되고, 예술적 심미안을 기를 수 있고 무엇보다 창의력에 그렇게 좋다더라… 이런 시중에 떠도는 교육적인 목적 때문에 명화 그림책을 가까이한 건 아니었다. 아이들이 어려서 외출하려면 큰마음을 먹어야 했는데 코로나바이러스 감염증의 영향으로 실내에서만 생활해야 하던 때 아름다운 그림 한 점 보는 것이 내 일상의 낙이었다. 양육자인 '나'를 위해서 명화 관련 책을 알아보기 시작했고, 아이들과도 공유하고 싶다는 생각이 들어 찾아보기 시작한 것이 명화 그림책이었다.

"그런데 명화 그림책이 좋은 건 아는데 명화 그림책 어떤 걸, 어떻게 읽어 줘야 할지 모르겠어요!"라고 말하는 독자를 위해 내가 사용했던 방법 하나를 제안해 본다. 그림을 잘 모르는 사람도 안다는 유명한 명화, '모나리자'를 숨은그림찾기처럼 그림책에서 찾아 보는 것이다. 천 리 길도 한 걸음부터라고 했으니, 명화 한 점 알아보는 것에서부터 시작해 보자. 영어나 한글을 노출하는 것처럼 명화도 이렇게 서서히 일상에 스며들도록 하면 되지 않을까? 명화 그림책의 수요가 높아서인지 출판사에서 전집으로 구성해 판매하기도 하지만, 이 지면에서는 내가 6년이라는 시간 동안 찾아낸 '나만 알고 싶은' 반짝반짝 빛나는 그림책을 소개하려고 한다.

그림책 미술관

양육자가 알아두면 아이들과의 대화가 풍성해질 모나리자 이모저모

이탈리아 화가 레오나르도 다빈치의 대표작 〈모나리자〉는 현재 루브르 박물관이 소장하고 있으며, 1503년~1506년 그려진 것으로 추정된다. 모나리자는 레오나르도 다빈치가 1503년부터 그리기 시작했으나, 그가 숨진 1519년에도 그의 화실에 남아있었다. 그래서 미술 전문가들 사이에서는 이 작품이 미완성작이라는 것이 지배적 견해이다.

O QUIZ X

레오나르도 다빈치는 15세기 올어라운드 플레이어?
모나리자를 그린 레오나르도 다빈치는 회화 외에도 비행기, 탱크 설계도를 그리고, 심지어 수십 구의 시체를 해부하여 해부학 스케치를 그리기도 했다.
O or X

모나리자는 프랑스가 약탈한 이탈리아의 예술작품이다?
이탈리아인인 레오나르도 다빈치는 프랑수아 1세 초청으로 프랑스에 입국할 당시 미완성작 모나리자 그림을 들고 갔고, 레오나르도 다빈치 사망 후 프랑수아 1세가 모나리자를 구매했다고 한다.
O or X

모나리자와 비슷한 미소가 있다?
입꼬리가 살짝 올라간 신비한 미소를 다빈치가 좋아했었나? 레오나르도 다빈치가 그린 성 요한과 성 안나도 모나리자와 비슷한 미소를 하고 있다.
O or X

〈세례자 성 요한〉

〈성 안나와 함께 있는 마리아와 예수〉

모나리자를 찾으려면 우선 미술관부터 가봐야겠지?

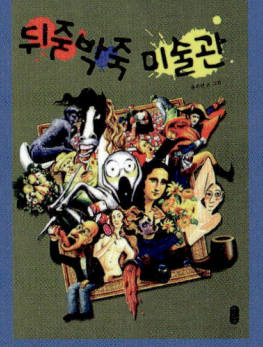
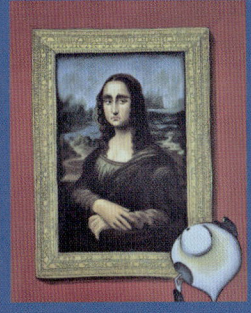

《뒤죽박죽 미술관》 유주연 글·그림, 책읽는곰

《나의 미술관》
조안 리우 그림, 단추

책을 펼치는 순간 보이는 미술관이 어딘지 모르게 이상하다. 모나리자의 모습도 어딘가 어색하다. 입꼬리가 여덟 팔자 모양으로 울상인 데다가 우아한 얼굴에 송충이 눈썹이 붙어있다. 누가 이런 일을 벌인 거야? 뒤죽박죽 미술관이라더니 모나리자도 뒤죽박죽이다. 그런데 책 제목도 뒤죽박죽이네?

나만의 미술작품 감상법을 보여주는 그림책이 있다. 그림을 나만의 방식으로 이해하고 기억하고 싶어 어떠한 형식에도 구애받지 않고 자유롭게 그림을 감상하는 주인공이 등장하는 그림책이다. 이 두 권의 책은 아이와 전시회를 보러 가기 전 읽어보기를 추천하고 싶다. 《미술관의 초대》에서는 책을 펼치자마자 면지에서 모나리자를 만날 수 있지만 《나의 미술관》에는 유명한 명화가 매 페이지마다 등장하기에 눈을 크게 뜨고 찾아야 모나리자를 발견할 수 있다.

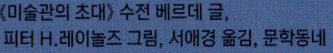

《미술관의 초대》 수전 베르데 글,
피터 H.레이놀즈 그림, 서애경 옮김, 문학동네

한복 입은 모나리자

미술관에서 모나리자 그림 속으로 빨려 들어간 본과 하레토모. 파티에 입고 갈 옷을 고르고 있는 모나리자를 발견하고 하레토모는 모나리자에게 서울에서 찍은 사진첩을 보여준다. 사진첩 속 한복에 마음을 빼앗긴 모나리자는 한복을 곱게 차려입는데 과연 한복 입은 모나리자는 어떤 모습일까? 궁금하다면 지금 당장 《슈바바바바바 미술관》으로 출발해 볼까?

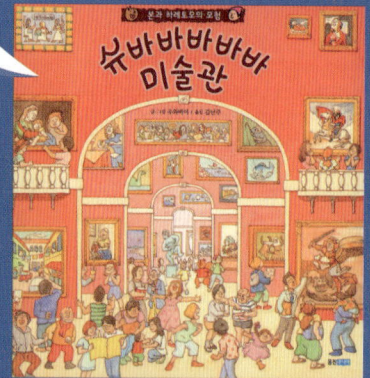

《슈바바바바바 미술관》
우와바미 글·그림,
김난주 옮김, 웅진주니어

파리하면? 루브르 박물관.
루브르하면? 모나리자!!!

그림책을 펼치면 시공간을 넘어선 여행이 시작된다. 루브르 박물관에 가서 직접 모나리자를 보고 싶지만, 현실은 아이들 등·하원 챙겨야 하고 오늘 저녁은 뭘 차려야 하나 고민하는 일상이라면 《낮잠 자기 딱 좋은 곳, 파리》를 읽어보시라. 샤를 드골 공항에서 입국 심사를 받지 않고서도 루브르 박물관에 다녀올 수 있다. 그리고 모나리자가 독자를 향해 신비한 미소를 건넨다. 우리가 아는 모나리자와 조금 다른 분위기를 풍기는데 요즘의 리자 아주머니는 이런 모습인가? 혹시 뉴욕 현대미술관도 다녀오고 싶다면 《쉬하기 딱 좋은 곳, 뉴욕》을 보시길. 앙리 마티스의 춤이 독자를 기다리고 있다.

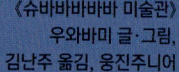

《Willy's Pictures》
Anthony Browne,
Walkerbooks

《낮잠 자기 딱 좋은 곳, 파리》
로라 키엔츨러 글·그림,
박재연 옮김, 후즈갓마이테일

고릴라가 된 모나리자

모나리자의 얼굴이 동물이라면 어떨까? 고릴라 얼굴의 모나리자가 궁금하다면 윌리를 만나러 가보자. 표지에 떡하니 고릴라 얼굴의 모나리자가 보인다. 이 모습을 보고 그냥 지나칠 어린이가 있을까? 그림그리기를 좋아하는 아이라면 독후활동으로 '모나리자 얼굴 동물로 바꿔 그리기'를 추천한다. 아마 그 어디에서도 만난 적 없는, 상상 초월의 모나리자를 만날 수 있을 것이다.

이런 모나리자는 처음이지?

면지를 보자마자 웃음이 나온다. 책이 펼쳐지기만을 기다렸다는 듯, 독자를 향해 모나리자가 "메롱~"하며 반긴다. 독자도 모나리자에게 "메롱~"

《어른들은 절대로 안 그래?》
다비드 칼리 글, 벵자맹 쇼 그림,
신형건 옮김, 보물창고

《똥 가족의 미술 대회》
다비드 칼리 글, 로흐 뒤 파이 그림,
바람숲아이 옮김, 한솔수북

예술을 좋아하는 똥 가족이 있다. 똥 가족 중 똥똥이 고모가 좋아하는 모나리자. 그런데 신비한 미소는 온데간데없고 눈이 잔뜩 몰려 있다. 그래서일까? 이 책은 눈에 힘을 주면서 읽게 된다.

브레드 이발소 영상을 보던 아이가 갑자기 달려오며 말한다. "엄마 엄마, 브레드이발소에 모나리자가 나왔어요!" 그림책으로 명화를 배운 아이가 패러디된 모나리자를 알아볼 정도로 명화에 익숙해졌다는 생각이 들어 뿌듯함을 느꼈다. '이만큼 예술이 우리의 삶에 깃들어 있구나!'

올해는 파리 올림픽으로 인해 모나리자 방문객이 이전보다 더 늘어날 것으로 예상해 루브르 박물관은 모나리자를 독방에서 관람하도록 준비한다고 하는데 오롯이 혼자서 방문객을 맞이할 모나리자의 모습을 상상하니 배시시 웃음이 나온다.

BLUE

쏘블루

@soblue_official
서울 서대문구 증가로 27 1층.
책부터 식기, 음식까지도 블루로 가득찬 서점.
물감을 이용해 자기만의 '블루'를 만들어 볼 수 있다.

décalcomanie

유피스튜디오
@collect.youpi
서울 서대문구 연희로 15길 39 1층.
아이들을 위한 예술 활동이 열리는 곳.
매월 다양한 테마로 Art & Cooking 클래스가 열린다.

EAT

맛있는 그림책 먹기

Editor 이미리 임서연

나는 목요일

나는 수요일 담당

골고루 먹자!

월요일은
간단히!

정성 가득,
집밥 먹는 날!

면은
맛있지!

mon.	tue.	wed.

나는 꿀떡!

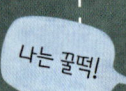

먹고 나면 이 닦자!

3분 동안 꼼꼼히!

떡 먹을래 만두 먹을래?

된장찌개랑 달걀말이

국수 먹고 식혜 한 잔

시원한 냉면이랑 따뜻한 고구마

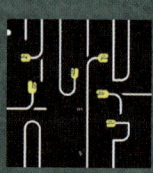

콩나물밥에 김! 꺽

라면엔 김치지~

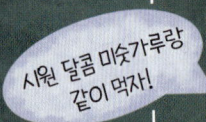

시원 달콤 미숫가루랑 같이 먹자!

나는 라면 단짝!

벌써 방학이라고? 길고 긴 여름 방학은 왜 이리 빨리 돌아오는지. 매일매일 어떤 메뉴를 준비해야 할지 고민하는 아빠 엄마를 위해 그림책으로 차리는 맛있는 한 끼를 소개한다. 밥부터 간식까지 영양도 골고루 구성된 식단이니 참고하여 우리 집만의 여름 방학 식단표를 만들어 즐겨보자.

EAT

그림책 레시피

뜨거운 햇볕이 쨍쨍! 파릇파릇 초록의 계절, 여름이 왔다. 싱그러운 초록 잎 사이로 보이는 알록달록 열매들이 가득한 할머니의 여름 텃밭을 그린 강혜영 작가의 《할머니와 여름 텃밭》 속 여름 먹거리들을 살펴보자.
입맛 없는 여름에는 시원한 오이냉국과 새콤달콤 방울토마토 절임, 가지무침, 텃밭에서 방금 딴 아삭아삭 상추와 오이 그리고 후식으로는 시원한 수박화채까지. 무더운 여름 집에 앉아 에어컨을 틀어 놓고 화채를 먹는 상상만으로도 시원해지는 기분이다. 설아와 할머니가 함께하는 여름 텃밭 레시피를 소개한다.

설아네 여름 텃밭 레시피 ①
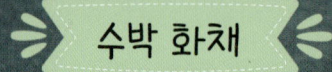
수박 화채

《할머니와 여름 텃밭》
강혜영 글·그림, 팜파스

① 수박, 우유, 사이다, 프루트칵테일, 설탕, 얼음을 준비해요.

② 수박은 적당한 크기로 잘라요.
스푼을 이용해서 동글동글하게 파내도 좋아요.

③ 큰 그릇에 수박과 프루트칵테일을 예쁘게 담아요.

④ 수박즙, 우유, 사이다를 넣어요.
달아야 맛있으니 설탕을 넣어도 좋아요.

⑤ 마지막으로 시원한 얼음을 넣어 주세요.
시원하고 맛있는 수박 화채 완성!

설아네 여름 텃밭 레시피 ②
감자전

kang_nyang

143 likes

① 할머니네 텃밭에서 싱싱한 감자를 따요.

할머니네 감자가 최고!

kang_nyang

143 likes

② 뽀득뽀득 감자를 닦아 맛있게 구워 주면

kang_nyang

143 likes

③ 바삭바삭 노릇노릇! 감자전 완성!

꼬마 농부가 무조건 봐야 할 그림책

《꼬마 농부의 사계절 텃밭 책》
카롤린 펠리시에·비르지니 알라지디 글,
엘리자 제앙 그림, 배유선 옮김, 이마주

《농부 달력》
김선진 글·그림, 웅진주니어

《할머니, 어디 가요? 앵두 따러 간다!》
조혜란 글·그림, 보리

똑똑한 맛

행복한 맛

위험한 맛
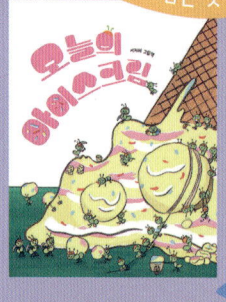

황당한 맛

상상의 맛

힘을 내 맛
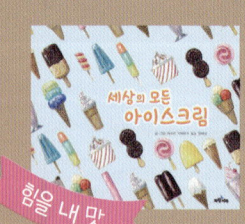

귀여운 맛

무지개 맛
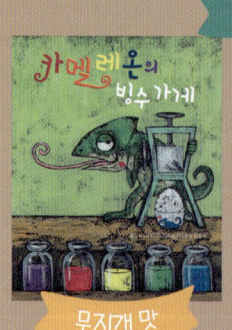

꽁꽁꽁 맛

거대한 맛

아이스크림

다양한 맛 — 아이스크림 궁전
심각한 맛 — 내 아이스크림!
환상의 맛 — 아이스크림
좋아해 맛 — 아이스크림이 너무 좋아
긴장한 맛 — 꽁꽁꽁 아이스크림

전설의 맛 — 팥빙수의 전설

더 똑똑한 맛 — 아이스크림 공부책

걱정의 맛 — 얼음산 빙수 가게

신나는 맛 — 아이스크림 걸음!

엄마 아빠랑 함께 — 빙수
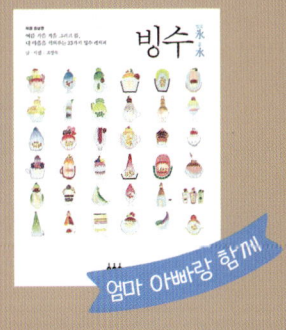

©이수지

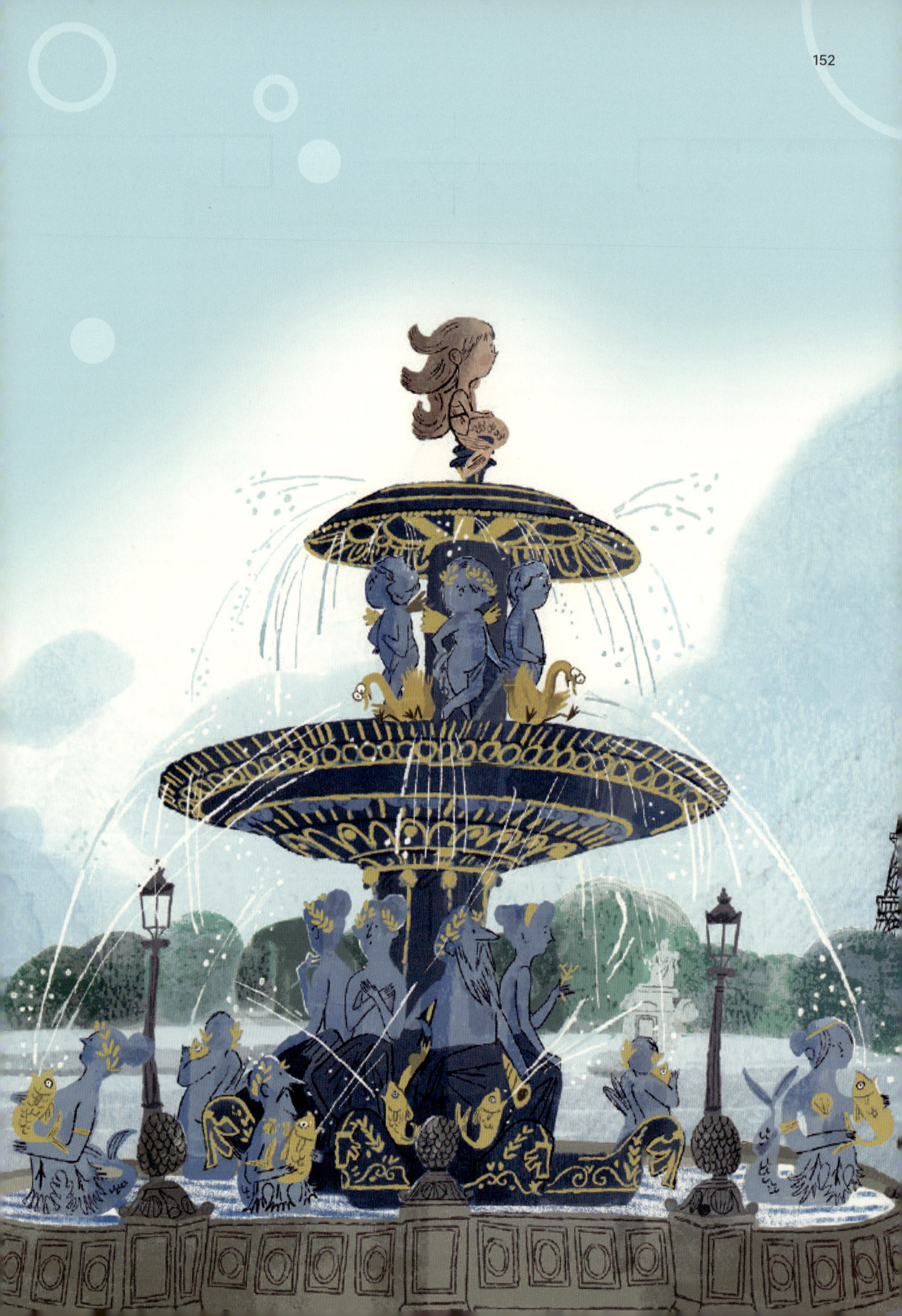

그림책 주인공이랑 함께 놀자! ①

얘들아. 분수에 동전을 던지고 소원을 빌면 이루어진다는 거 알고 있니? 동전을 던지고 풍덩 하는 그 찰나의 순간에도 짜잔 하고 말할 만큼 평소 마음에 품고 있던 소원이라서 그렇대. 간절하면 언젠가 이뤄지는 거지! 먼저 우리, 간절한 소망을 이룰 그날까지 몸의 힘을 길러볼까? 내가 간절히 가고 싶었던 바다를 떠올리며 신나게 물장구를 쳐보는거야. 참, 내 이야기를 읽고 한 친구는 동전을 던질 땐 두 개를 던지기로 했대. 하나는 자기 소원을 위해, 또 하나는 누군가의 소원을 응원하기 위해! 자, 그럼 분수 속으로 전진!
너의 친구 파리의 작은 인어가!

《파리의 작은 인어》 루시아노 로사노 글·그림, 박재연 옮김, 제이픽

그림책 주인공이랑 함께 놀자! ②

안녕? 나는 그림책 《풀잎 국수》 속 멧돼지야. 숲속 친구들이 아픈 나를 위해 사랑이 듬뿍 담긴 멋진 요리를 해 주었어. 덕분에 몸도 마음도 건강해졌지. 친구들한테 정말 너무너무 고마워. 그리고 나도 친구들한테 맛있는 음식을 해 주고 싶어. 그런데 작은 문제가 있어. 어떤 요리를 해야 할지 메뉴를 못 정하겠어. 싱싱한 풀과 향긋한 꽃으로 어떤 요리를 만들면 좋을까? 들꽃 식혜? 아니면 연꽃 부침?
너희들이 나를 좀 도와주지 않을래? 풀잎 국수만큼 맛있는 요리 아이디어를 부탁해!

《풀잎 국수》 백유연 글·그림, 웅진주니어

《연잎 부침》 백유연 글·그림, 웅진주니어

웅진주니어

『벚꽃 팝콘』 백유연 작가의
계절 시리즈 신작

"같이 있으니까 좋다."

연잎이 곱게 떠 있는 연못,
다시 한번 펼쳐지는 모두를
하나로 모으는 마법 같은 이야기

**더운 여름을 시원하게 깨우는
청량한 여름 축제!**

볼로냐 라가치상 코믹스 영어덜트 대상
『표범이 말했다』 제레미 모로 신작

자연의 노래를 듣지 않는 사람들에게
화가 난 자연의 신 '판'.
결국 숲에 끔찍한 재앙이 찾아 드는데……,
숲은 노래를 되찾고,
온 세상에 평화가 찾아올 수 있을까요?

**자연 속의 철학자
제레미 모로의 메시지**

미래그림책 시리즈
주전자 판다
올 여름도 시원하게
미래아이 그림책!
주전자 가득 행복이 그득!
행복을 나르는 주전자 판다의 하루
에리 게이타 글 | 유키미 유키 그림 | 값 13,000원
멜리나 쇤보른 글
펠리페 아리아가 다누네즈 그림
쭈글쭈글 쭈그리
목욕을 한다
쭈글쭈글 쭈그리 쭈글거린다
목욕탕의 쭈그리
미래i아이 블로그 blog.naver.com/miraeibooks 인스타그램 @mirae_ibooks

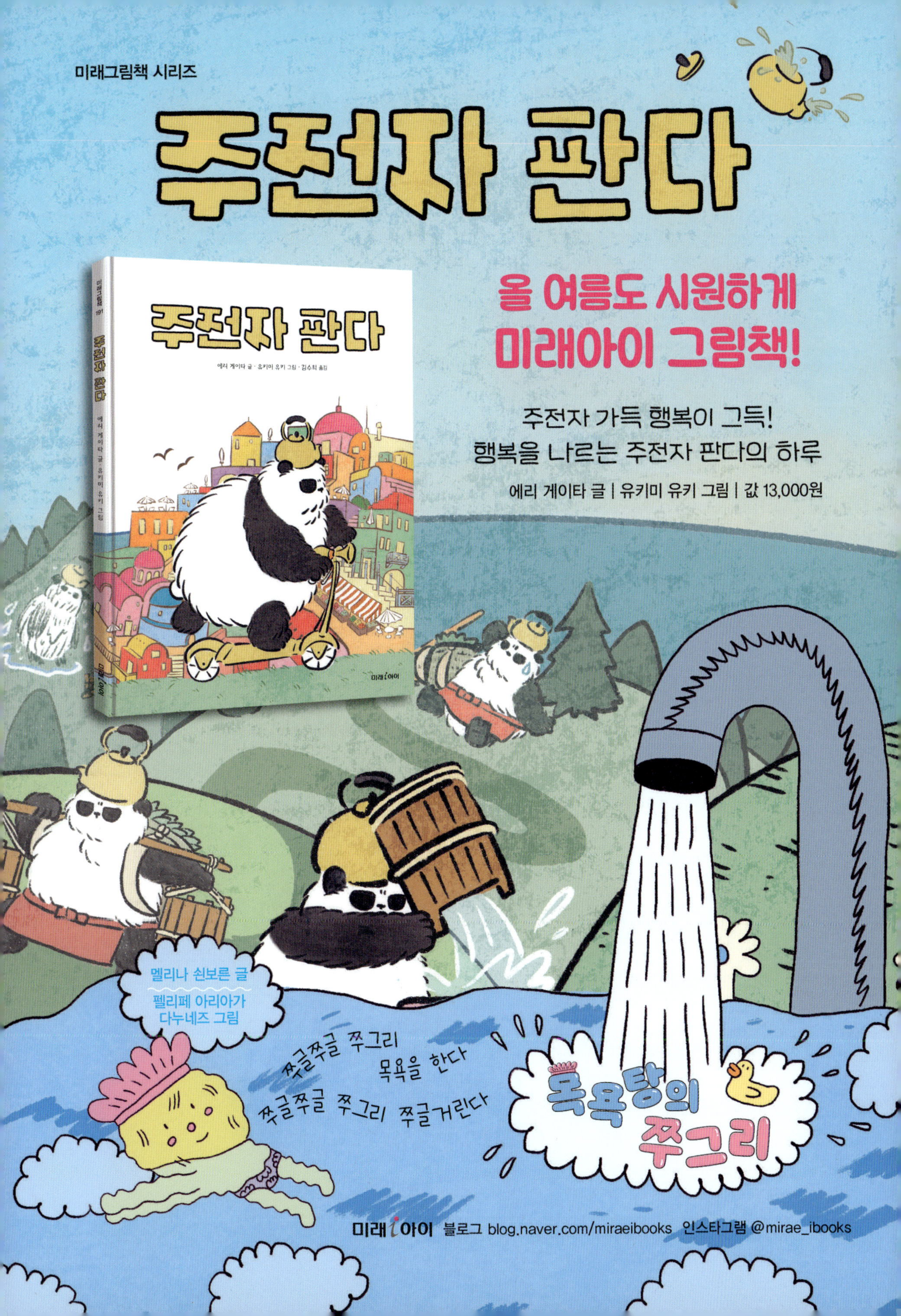

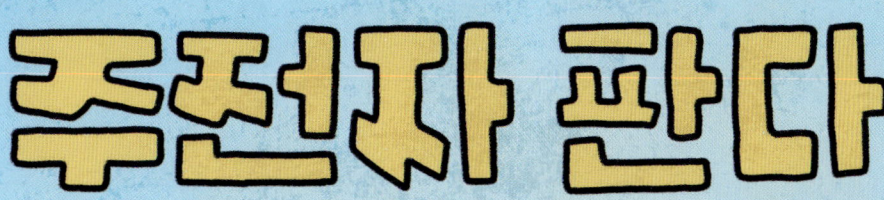

어린이와 함께 그림책을 읽어요

첫 번째 어른 김혜민

안녕하세요? 전 경기도 광주에서 어린이와 양육자를 위한 서점 책방누크를 운영하는 김혜민이에요. 책방누크는 그림책을 좋아하는 다섯 살 아이에게 편히 책을 읽어 주고 구매할 수 있는 공간이 부족했던 제 경험에서 출발했어요. 아직 일 년도 안 된 작은 책방이지만 이 일대에서는 그림책 읽어 주는 서점으로 꽤 유명하답니다. 바로 대표 프로그램 '열한시그림책' 덕분인데요. 오픈 때부터 지금까지 매주 토요일 11시면 어김없이 그림책 서너 권을 어린이들에게 읽어 줍니다. 무슨 책을 읽어 줄 지는 전날 SNS로 알리고요. 예약도 비용도 필요 없어요. 다음 날 오전 11시에 책방누크로 와서 제가 읽어 주는 책을 재미있게 들으면 그만이죠.

처음엔 책방 아들 홀로 앉혀 두고 책을 읽어 준 날도 있었고, 혼자 온 어린이 손님이 원하는 책을 끝없이 읽어 준 날도 있었어요. 그렇게 회차를 거듭하다 보니 많은 손님들이 '열한시그림책'을 통해 책방누크에 처음 방문했고, 단골 어린이들의 토요일 작은 루틴이 되었답니다. '열한시그림책'을 찾는 어린이들은 보통 다섯 살에서 아홉 살이에요. 그런데 연령이나 인원을 정확히 예측할 수 없기 때문에 어려우면서도 짜릿하답니다. 단조로운 건 못 참는 책방 사장에겐 딱 맞는 방식인 것 같아요. 오전 10시 57분, 오늘은 날씨가 궂어서 아무도 안 오려나 할 때 책방 문 앞으로 쭉 들어오는 킥보드를 맞이하게 되고요. 오늘은 오붓하게 읽겠구나 하고 화장실에 다녀오면 어느새 가득 차 북적이는 책방을 만나기도 하고요.

'열한시그림책'은 곧 책방의 성장 기록이기도 해요. 주말이 다가오면 심혈을 기울여 다양한 아이들과 읽었을 때 절대 실패하지 않을, 이야기가 선명한 책을 한 권 고릅니다. 그리고 호불호는 갈릴 수 있지만 누군가는 열광할 만한 책 한 권을 더 골라요. 거기에 영아를 위한 보드북 중에 내용이 깊고 리드미컬한 좋은 책을 한 권 더하구요. 마지막으로 일반적인 어린이 취향은 아니지만 이번 주에 제 마음을 뒤흔든 책을 한 권 더 골라요. 그렇게 책을 찾는 과정이 책방에 좋은 책이 끊임없이 새로 들어오게 하는 동력이 됩니다. 독자의 반응을 보고 비슷한 연령과 취향의 손님들에게 더 자신 있게 책 추천을 할 수 있게 되거든요. '열한시그림책'이 책방 큐레이션의 동력이자 책 추천의 든든한 데이터인 셈이죠.

주소 경기도 광주시 태성3로 13 더샵오포센트럴포레
후문 상가 125호(공원 맨 안쪽)
인스타그램 @nookbooks.kr

책방
누크

아이들과 책을 읽을 때 질문도, 대화도 많이 하는 편인데요. 책의 흐름에 몸을 맡긴 동그란 눈빛들이 순도 100%의 집중력으로 저를 바라보는 순간이 있어요. 그럴 때 책방하는 이유를 되새깁니다. 그 주의 서점 영업이 얼마나 힘들었는지는 상관없어요. 어린이들이 주는 에너지가 서점 구석구석 다시 채워 주는 느낌이거든요. 어린이들이 떠나고 나면 조용해진 서점에 앉아 콧노래를 흥얼대지요. 기분 좋게 다음을 준비하고 내일을 기다릴 힘을 얻어요.

그림책을 읽는 방법은 다양한데요, 책방누크에는 오늘 처음 만난 친구와 나란히 앉아 웃고, 질문하고, 옆 친구의 엉뚱한 해석이나 감상까지 함께 즐기는 '열한시그림책'이란 방법이 있어요. 책을 즐기는 방법을 한 가지 더했다는 자부심을 가지고, 이번 주에도 누크 사장은 그림책을 준비합니다.

토요일 11시의 주차 대란!

책방누크에서 제 아들과 그리고 우리
단골손님 어린이들과 오래오래 재미있는
그림책을 보고 싶어요!
책방 칠판 가득 그려지는 아이들의 그림도
오래오래 보고 싶고요!
책방누크에 그림책 보러 놀러오세요!

mail, postage extr
's Silk Hat, $
Men's Very
prevailing
Quality
Dunlap
$5.00

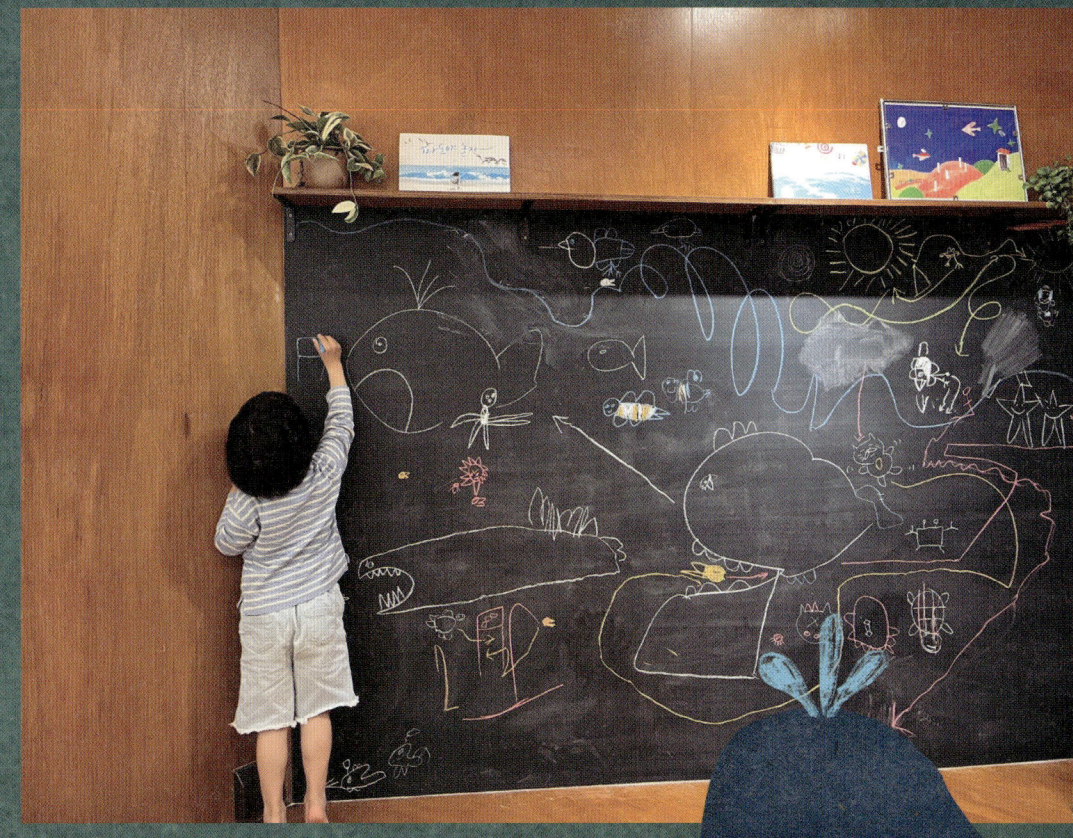

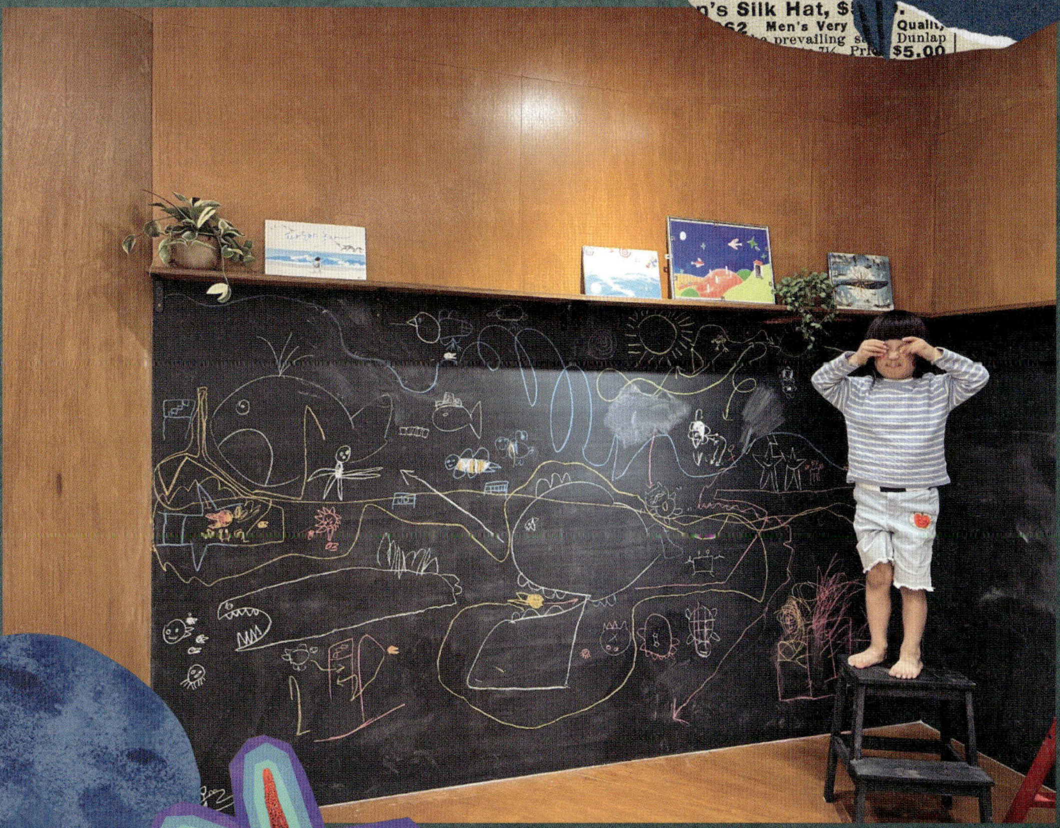

어린이와 함께 그림책을 읽어요
두 번째 어른 이희나

안녕하세요? 저는 시골살이 10년차 초등학교 3학년 딸아이의 엄마이자 자연과 미술을 사랑하는 미술 선생님 이희나입니다. 저는 양평에서 '다 잘 될 거야. 걱정마.'라는 뜻을 가진 '자연 미술 공방 하쿠나마타타'를 운영하고 있어요. 줄여서 하쿠나라고들 부르는 곳이죠. 하늘과 바람, 땅과 숲의 기운을 가득 품은 저의 보금자리랍니다. 이곳에서 전 아이들과 함께 자연물을 재료로 지구 환경, 생태계, 멸종 동물을 주제로 미술 작업을 해요. 산책을 하고 그림책을 함께 읽으면서요.

사실 하쿠나에서 그림책은 아주 중요한 역할을 합니다. 바로 자연과 아이들을 연결해 주는 역할인데요. 베아트리체 알레마냐 작가의 《숲에서 보낸 마법 같은 하루》라는 책이 있어요. 몽한적인 그림이 아름다운 이 책을 저희 딸에게도, 공방의 아이들에게도 정말 많이 읽어 주었어요. 비가 추적추적 오는 날, 엄마 손에 이끌려 시골의 외딴집에 가게 된 아이의 이야기인데요. 아이는 게임기를 물에 빠트리면서 그야말로 숲에서 마법 같은 하루를 보내게 돼요. 거대 달팽이를 만나고, 버섯들의 짙은 향기를 맡고, 땅속 뿌리와 보물같은 미생물 알갱이들의 촉감을 느끼면서요. 낯설었던 숲의 세계가 신비롭고 신기한 경험으로 바뀌는 순간을 정말 생생하게 그려 낸 책이에요.

이 책을 전 숲 산책을 귀찮아하고 벌레를 무서워하는 친구들에게 읽어 주곤 했어요. 자연과 아이가 친밀해지는 과정을 아름답게 보여 주거든요. 오감의 감각을 통해 느끼는 기분과 생각을 묘사한 장면으로요. 아이들은 평소 잠자고 있던 오감을 그림책을 통해 경험해요. 그리고 그 에너지로 산책을 하고, 미술 작품을 만듭니다. 몰입도가 높아지는 건 당연한 일이고요. 아무래도 아이들의 기억에 그림책과 연결된 그날의 장면이 오래 자리 잡는 거 같아요. 아주 깊이 있는 경험이라고 생각해요. 그래서 공방의 거의 모든 수업에 아이들에게 영감을 주고 몰입도를 높여 주는 그림책을 적극 활용하고 있답니다. 그리고 동물과 식물, 물과 하늘, 바람과 땅, 바다와 우주 나아가 이런 아름다운 자연을, 지구의 환경을 지키는 일을 이야기하는 좋은 그림책을 열심히 공부하고 있고요. 물론 아이들과 함께 보기 위해서죠.

주소 경기도 양평군 양평읍 배운길 191-7
생각마을6호
인스타그램 @heenabee

앞으로는 예술가, 철학가, 관계와 소통 그리고 나에 대한 이야기까지 더욱 다양한 그림책을 찾아보려고 해요. 하쿠나를 둘러싼 아름다운 자연 속에서 아이들에게 다양한 그림책을 읽어 주며, 어린이들이 자기만의 색, 자기만의 주제를 찾고 확장할 수 있도록, 또 마음껏 상상하고 자연을 누릴 수 있도록 응원하고 싶어요!

제1회 창비그림책상 대상 수상작

아름다운 식물 옷으로 계절의 문을 열어요!

홀짝홀짝 호로록

손소영 그림책

★★★★★

"놀이가 이야기의 바탕이 되는 작품. 어린이가 좋아할 만한 요소로 가득 채워져 있다."
김지은 김동수 창비(창비그림책상 심사위원)

"타이포그래피가 인물의 표정, 몸짓과 조화를 이루는 그림책."
이시내(교사, 『초등학생이 좋아하는 동화책 200』 저자)

"말 없이도 감정이 생생하게 보이고 소리가 선명하게 들리는 경험."
이현아(교사, 『어린이 마음 약국』 저자)

숲속 재봉사의 옷장

최향랑 그림책

누적 10만 부 베스트셀러
'숲속 재봉사' 시리즈 신작!
숲속 재봉사의 옷장에는 특별한 옷이 가득해요.
섬세한 손길로 완성한
경이로운 입체 공간을 선물합니다.

★★★★★

"자연이 담긴 그림책.
그림만큼 예쁜 마음이 가득하다." 문화일보

볼로냐 라가치 상 수상 작가 김지안 신작

온 가족을 위한 안녕달의 당근빛 사랑 노래

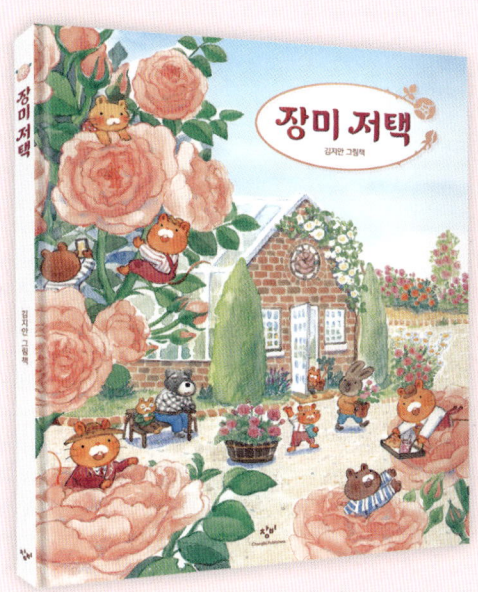

장미 저택

김지안 그림책

한때 화려했으나 지금은 황량해진 장미 저택.
마음이 지친 장미 저택의 주인을 대신해
다섯 마리 멧밭쥐가 정성껏 정원을 돌봅니다.
모든 존재가 함께 향기롭게 피어나는 이야기!

★★★★★

"이 그림책의 온기는 어린이의 마음에 오래오래
남을 것이다." 김소영(『어린이라는 세계』 저자)

당근 할머니

안녕달 그림책

아기 돼지는 토끼 할머니와
단둘이 시간을 보내게 됩니다.
풍요로운 농장, 활기찬 오일장을 배경으로
가득히 펼쳐지는 다채로운 사랑의 표현들.

★★★★★

"인생은 이제부터라고 노래하는
호쾌한 할머니!" 서울신문

"할머니의 마음이
따뜻하게 전해지는 그림책." 국민일보

감자와 포도
먹선으로 그린 따뜻한 순간

에토프 첫 그림책

에토프 그림책

다정한 감자, 새침한 포도. 그리고 감자와 포도에게 조용히 자리를 내어 주는 아저씨. 서로 다른 존재이지만 함께 어울려 보내는 평온한 시간과 소중한 우정을 만나 보세요.

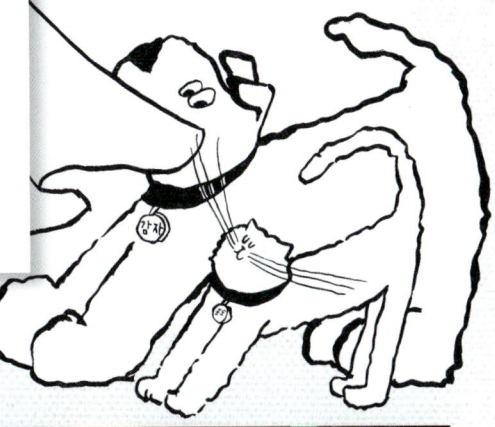

에토프 지음 | 250X183mm | 48쪽 | 17,000원

일상의 산책에서 발견하는 나의 취미
나의 취미

어느 날 문득 생각 난 취미가 있어요. 길가에 열린 다래 종을 뒤렁뒤렁 두드리고 요정이 되어 아카시아 숲 사이를 마음껏 춤추어요. 빛나는 달이 뜨면 스타카토로 뛰어올라 보아요. 이렇게 신선한 취미들을 하나씩 발견해 나가며 나만의 취미를 만들어 보아요.

신혜원 지음 | 240X280mm | 44쪽 | 17,000원

(주)보림출판사 주문 및 문의 전화
TEL 031-955-3444

그림책 여행

TRAVEL

삼촌이랑 가족이랑 제주도 법환해변을 걷는데 삼촌이 저기에 돌고래가 있다고 말해주셨다. 그래서 돌고래를 봤는데 무리였다. 엄마가 영상을 찍었다. 집에 와서 그림책 《점프 점프》를 읽고 최재천교수님 덕에 돌고래 이름을 알았다. 돌고래 이름은 삼팔이, 춘삼이, 복순이, 제돌이다. 돌고래들이 다치지 않고 잘 살았으면 좋겠다.

글·그림 운유초등학교 3학년 전가온 어린이

형제와 떠난 그림책 여행

글 이시내

형제를 키우며 작지만 커다란 소망이 하나 있습니다. '저렇게 다정하고 귀여운 남자 친구라니!' 존재해 줘서 고마운 사람으로 자라길 바라는 엄마의 욕망을 수줍게 고백합니다. 이 열망은 해가 지날수록 닿을 듯 말 듯 멀어지는 느낌이 들지만, 여전히 노력은 현재진행형입니다. 독서가 일상인 사람, 배려가 몸에 밴 사람, 주고받는 메시지에서 틀린 맞춤법이 드문 사람, 관광지에서 재미난 역사 이야기를 풀어내는 사람. 끝도 없는 소망에는 '책'이 바탕에 깔려 있습니다. 그러기에 종일 수영만 할 줄 알았던 풀빌라에서, 장난감 사러 온 서울 나들이에서, 카페 간다며 동네 책방에 갔을 때(음료가 맛있어요), 돈가스 먹자더니 쇼핑몰에서 서점을 가는 아들 둘 엄마의 그림책 생존기랄까요.

클수록 집돌이가 되는 형제와 여행을 갈 때면 책방부터 찾습니다. 집 밖을 나가는 절호의 기회를 놓칠 수 없죠! 같은 라면이어도 산꼭대기에서 먹는 라면 맛은 다르잖아요. 같은 그림책이어도 낯선 곳에서 고른 책은 여행의 설렘과 습도, 온도를 담아 세상에 하나뿐인 특별판이 됩니다.

책방에서 여행을 가는 목적과 잘 어울리는 그림책을 발견하면 금상첨화! 하루 종일 모래놀이했던 해수욕장에서 읽었던 그림책에선 가끔 모래알이 떨어지곤 합니다. 우리가 보낸 시간까지 담은 타임캡슐 같은 그림책이죠.

좋아하는 그림책 장면을 따라 해 봅니다. 몇 년 뒤 아이가 아무것도 기억나지 않는다고 할 때 보여줄 증거랄까요.
아이가 관심 있는 그림책 전시가 있다면 여행의 이유가 될 수 있겠죠. 체험도 하고 책도 읽고 추억도 만들고 가재 잡고 도랑 치고 마당 쓸고 동전 줍고.

해가 갈수록 집이 좋다는 아이에게 온갖 회유와 제안을 하며 다니는 시간이 유의미할까. 양육자의 만족감에 빠져 착각하는 거 아닐까? 싶을 때 아이가 한 말에서 위로를 얻습니다. "이 책 기억나. 옛날에 쌀집 했던 책방에서 산 책이잖아." "그때 거북선에서 원래 몇 층인지 궁금해했잖아. 이 책에 나왔어." 손가락 사이로 사르륵 빠져가는 모래알처럼 눈에 보이지 않아도 그 시간은 차곡차곡 쌓여 있습니다. 모두 기억할 수 없는 건 당연합니다. 기억하지 않아도 좋아요. 하지만 함께 웃고 손을 잡고 걸었던 그 길을, 서로 껴안고 책을 읽었던 다정하고 친밀한 감정은 아이의 마음에 남습니다. 반드시 말이죠. 그리고 이런 무형의 가치와 습관을 우리는 '문화'라고 부릅니다. 우리 가족만의 '문화'를 차근차근 만들기 바랍니다.

3인 3색 그림책 여행 ①

지역명 + 그림책방을
검색하면 주루륵 떠요.

여행지 그림책방 리스트

서울
★ 마바사(그림책 전시도 겸하는 책방)
★ 사르르 그림책방(키즈 클래스까지 들을 수 있는 책방)

강화도
★ 딸기책방(출판사를 겸하고 있는 책방)
★ 국자와주걱(북스테이도 가능하다)
★ 바람숲도서관(네이버 예약하기)

여수
★ 거기책방다섯(24년 4월에 연 이순신 광장쪽 책방)

Picture Book Travel

Editor 이미리, 이시내, 하예라

그림책 손에 들고 역사 여행을 떠나자
① 구석기, 신석기 ~ 삼국시대

출발

구석기, 신석기 — 암사동 선사 유적지

청동기 — 화순 고인돌 유적

고구려 — 한성백제박물관

> 강화, 고창 고인돌군과 함께 2000년에 유네스코 세계 문화 유산에 등재되었어요!

> 백제를 중심으로 한 박물관이지만 삼국시대 한강 유역의 역사도 다루고 있답니다. 고구려 고분벽화 내부의 모습을 재현한 미디어아트도 감상할 수 있어요.

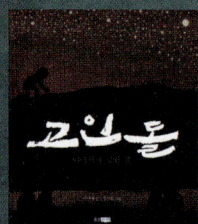

《고인돌》
이미애 글, 홍기한 그림, 웅진주니어
고인돌이란 무엇인지, 어떻게 만들었는지, 나아가 어떤 의미가 있는지를 청동기시대 한 아이와 아버지의 이야기로 만날 수 있다. 화순 고인돌 유적 가운데 바둑판식 고인돌을 모델로 하였다.

《고구려 나들이》
전호태 글, 한유민 그림, 보림
고구려 고분벽화 속으로 여행을 떠나는 쌍둥이 오누이 이야기. 무사를 따라 사냥하고 해신을 따라 견우와 직녀를 만나는 등 벽화 속 주인공들을 그림책으로 만날 수 있다.

신석기 시대 사람들이 살았던 움집이 재현되어 있고, 박물관에서 여러 체험이 가능해요!

선덕여왕 때에 세워진 동양에서 가장 오래된 천문대예요. 하늘을 관찰해 농사 시기를 결정하고 국가 길흉을 점치는 점성술도 발달했음을 알 수 있죠.

ⓒ국가유산청

신라

첨성대

《맨 처음 우리나라 고조선》
이현 글, 이광익 그림, 휴먼어린이
구석기, 신석기 시대 사람들의 생활 모습, 청동기 계급의 발생, 고조선의 건국 이야기까지 한 흐름으로 이해할 수 있다. 이 책에 등장하는 고대 국가의 지도자들의 무덤인 '고인돌'을 직접 보러 가는 여행으로 이야기를 이어가 보자.

《슬기로운 나라 신라》
이현 글, 김숙경 그림, 휴먼어린이
한반도의 동쪽 끝 외딴곳에 자리한 작은 나라 신라가 삼국을 통일하여 큰 나라로 성장해 가는 이야기가 펼쳐진다. 이차돈의 목에서 새하얀 피가 솟구치며 꽃들이 떨어져 내려 불교가 널리 퍼진 설화와 우리나라 최초의 여왕인 선덕여왕 등 신라만이 가진 특징을 이해하기 쉽게 볼 수 있다.

백제

1,400년 동안 무령왕릉을 지킨 '진묘수'를 직접 볼 수 있어요. 박물관에서 도보로 10분 거리에 무령왕릉도 있답니다.

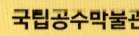
국립공주박물관

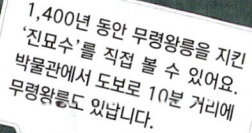

《세상 밖으로 나온 백제》
서선연 글, 최지은 그림, 개암나무
멀리 볼 수 있도록 튀어나온 눈, 어디든 갈 수 있는 날개, 쇠로 만든 뿔, 악귀를 쫓는 붉은 입술까지, 무령왕릉을 지키기 딱 좋은 생김새의 돌짐승 '진묘수'가 들려주는 백제 시대 이야기. 이 책 한 권이면 백제의 역사가 술술 읽힌다.

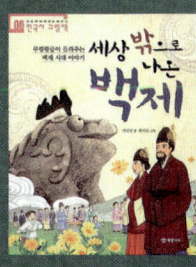

통일신라

수도 경주를 안 가볼 수 없죠! 빠짐없이 가려면 일주일도 모자라니 계획을 잘 짜야 해요.

ⓒ국가유산청

경주

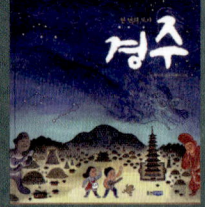

《천 년의 도시 경주》
한미경 글, 이광익 그림, 웅진주니어
삼국 시대 알에서 나온 박혁거세로 시작해 천마총, 미추왕릉, 첨성대, 황룡사, 안압지(동궁과 월지), 남산과 포석정, 경주 박물관까지 경주 천 년의 역사에서 아이들과 함께 갈만한 곳을 쏙쏙 뽑아 쉽고 재밌게 설명한다. 이 책으로 경주 여행의 시작을 열어보자.

《신라 사람들의 꿈 불국사》
김미혜 글, 이선주 그림, 웅진주니어
엄마와 함께 탑돌이를 하러 불국사에 간 아이의 시선으로 진행되는 그림책이다. 지금은 없는 청운교, 백운교 아래 구품연지도 복원해 당시 풍경을 생생하게 재현한다. 불국사가 품은 의미와 통일신라 사람의 의복까지 자세히 알려주는 책이라 꼭 미리 읽고 불국사에 가보길 추천한다. 이 책 덕분에 연화교에 연꽃잎을 찾을 수 있었다!

불국사 석굴암

《돌로 지은 절 석굴암》
김미혜 글, 최미란 그림, 웅진주니어
이제는 유리관 너머로 바라봐야 하는 석굴암 본연의 아름다움을 이토록 잘 담아낸 책이 어딨나 싶다. 높은 산을 열심히 올라와 빌었던 소원이 얼마나 간절했는지, 본존불을 본 뒤 밖으로 나와 풍경을 바라보는 벅참을 아이와 함께 상상해 보길 바란다.

ⓒ국가유산청

Picture Book Travel
그림책 손에 들고 역사 여행을 떠나자
② 통일 신라 ~ 고려

《꿈꾸는 도자기》
김평 글, 이광익 그림, 책읽는곰
도자기를 만드느라 바쁜 할아버지와 엄마, 아빠 대신 두리를 부르는 초록빛 아이가 있다. 아이와 함께 도자기 속 그림과 한바탕 신나게 놀다 보니 도자기가 만들어지는 과정까지 알 수 있다.

꿈꾸는 도자기 그림책 속에 나온 도자기를 도자공예관에서 찾아 보세요!

📍 국립중앙박물관

고려

📍 해인사(장경판전)

ⓒ국가유산청

《고려대장경판》
최연식 글, 여미경 그림, 열린어린이
고려 시대 대표 유물 '고려대장경판'과 현재 이를 보관하고 있는 해인사 장경판전을 소개하고 있다. 장경판전 속 과학 기술을 꼼꼼히 살펴보자.

장경판전 내부 관람은 사전 예약을 해야만 가능해요. 해인사 홈페이지를 확인해 보세요.

《경복궁에 간 불도깨비》
김미혜 글, 이광익 그림, 시공주니어
불도깨비 형제가 조선 제일의 궁궐인 경복궁 구석구석을 독자에게 보여 주는데, 광화문을 지키는 주작에게 도깨비의 불씨를 맡기는 것으로 경복궁 투어는 시작된다.

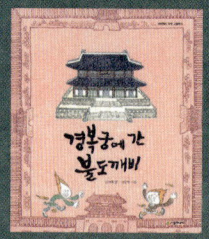

조선

《닭다리 탐정2: 세종대왕의 편지: 암호를 풀어라》
정인아 글, 정예림 그림, 모든북스
닭다리 탐정 일행이 경복궁을 배경으로 13개의 암호를 풀어가며 세종대왕이 남긴 보물을 찾는 지식 정보 탐정 놀이 책! 집중력과 추리력 지수 상승!

경복궁

조선시대 건축 기술을 집약적으로 볼 수 있는 경복궁으로 가서 구석구석을 살펴요. 경복궁 곳곳에 숨어 있는 보물들을 찾을 수 있어요.

아픈 역사의 장소지만 과거를 제대로 알아야 미래를 꿈꿀 수 있기에 아이들과 꼭 한 번 방문해야 할 곳!

서대문형무소역사관

《유관순을 찾아라》
김진 글, 다나 그림, 천개의 바람
1919년 3월 1일, 태극기를 흔들며 만세 운동을 벌였던 유관순을 페이지마다 찾으며 유관순의 용기와 의지를 마주하게 된다. 또한 1910년대 종로 거리와 태극기를 현재와 비교하며 책을 읽는다면 더 큰 재미를 느낄 수 있을 것이다.

끝

Picture Book Travel

그림책 손에 들고 역사 여행을 떠나자
③ 조선 초기 ~ 일제 강점기

ⓒ통영시청

전시관이 아닌 실제 바다에 떠 있는 거북선이 보고 싶다면 통영으로! 이순신 동상이 있는 통영 이순신공원을 여름에 방문한다면 활짝 핀 수국 옆에서 인생샷 찰칵 도전!

📍 **통영 조선군선, 이순신공원**

《임진왜란, 땅과 바다의 이야기》
윤선아 글, 이경석 그림, 천개의 바람
1592년 일본의 침입으로 시작된 7년간의 전쟁 기록을 땅과 바다의 관점에서 보여주는 책으로 옛이야기 읽듯이 어렵지 않게 읽을 수 있다.

일제 강점기

ⓒ국가유산청

우리나라 최초의 동물원이었던 창경궁에는 아직도 그 흔적이 남아 있을까요? 옥천교에는 도깨비가 살고 있을까요? 궁금하다면 창경궁으로!

📍 **창경궁**

《동물원이 된 궁궐》
김명희 글, 백대승 그림, 상수리(절판도서)
우리나라의 주권과 문화를 훼손하고 싶었던 일본은 임금이 사는 궁궐을 헐고 대신 동물원을 만든다. 심지어 우리 국민을 조롱하고 웃음거리로 만들기 위해 창경궁에서 창경원으로 그 이름을 격하시키기까지 했다. 이러한 내용을 시간 여행을 통해 이해하기 쉽게 풀어냈다.

50대 중년 부부가 함께 떠난 그림책 여행

글 오현수

아이들의 어린 시절을 돌아보면 여행지의 기억들로 가득 차 있습니다.
바닷가 시골에 살던 시절엔 문화 체험에 허기져서 전국 각지의 역사 유적지, 미술관, 박물관을 돌며 아이들과 각종 체험하기에 바빴거든요. 여행 떠나기 전엔 '이중 뭐라도 하나는 떠오리겠지.'라는 맘으로 여행지, 체험 활동과 관련된 그림책을 모아서 읽어 주곤 했답니다. 여행하는 동안엔 아이들에게 미션을 하나씩 주기도 했어요. 핸드폰과 카메라를 쥐어 주며 맘에 드는 곳 사진 찍기, 궁궐이나 유적지에서 자주 만나는 열두 띠 동물 조각에서 자기 띠 동물 찾기는 아이들이 신나게 자주 하던 미션이랍니다. 물론 모든 것이 계획대로 순조롭게 진행되는 건 아니었습니다. 궁궐 나들이를 처음 가던 날, 아이들에게 가장 큰 인기를 끌었던 것은 허무하게도 지하철 타기였어요. 아이들은 지하철 문이 열릴 때마다 연신 "우와!"를 외쳐댔고 민망함은 엄마 몫이었지요. 조선 시대 역사와 왕실 사람들 삶을 살펴보자며 찾아간 궁궐에서 아이들이 정작 궁금해하던 건 "임금님 밥은 어디서 만들어요? 궁궐에서 일하던 사람들은 화장실 어디로 갔어요?"였지요. 궁궐의 수많은 전각을 돌며 수라간과 옛 화장실 건물을 찾아다녔던 기억도 납니다.

책 내용을 다 기억하지 못해도 좋았어요. 천방지축 나비만 쫓아다녔던 아이들이, '얘들아, 이것 좀 봐봐.'를 연신 외쳐 대던 엄마의 부름도 외면하는 듯했던 아이들이 시간이 지나 TV 속의 한 장면에도 책꽂이의 책을 찾아오며 "나 여기 가봤는데."를 외치곤 했거든요. 책장 한 칸에서 여행의 소중한 기념품으로 한 자리 차지하고 있습니다.

이제 아이들이 자라 집을 떠나고 중년의 부부만 남은 집에서 여행은 또 다른 모습입니다. 각자의 취향과 욕구가 생생하게 부딪치고 타협하는 현장이 됩니다. 요즘 제가 남편에게 열심히 들이밀고 있는 여행 테마는 '그림책과 함께 떠나는 여행'입니다. 그림책 속에 나오는 장소를 찾아 최대한 비슷하게 사진을 찍어 보는 것이지요. 책장 속 여행 그림책들이 한 권씩 소환되고 있습니다.

3인 3색 그림책 여행 ②

처음 시작은 경주, 안동과 같은 우리나라 역사 문화 유적지를 다룬 그림책이었어요. 키위북스에서 나온 김유경 작가의 《돌고 돌아 흐르는 강물처럼, 하회마을》을 들고 안동 하회마을을 돌아보던 날, 예전과 다른 느낌의 여행이 되었습니다. 책 표지에 보이는 장소를 찾아 부용대에 올라 하회마을을 내려다보니 역시 그림책 작가가 그림책의 얼굴, 표지 그림으로 내세울 만큼 최고의 관광 포토존이었습니다.

비슷비슷해 보이는 마을 골목길을 헤매다 그림책 장면과 딱 떨어지는 길목을 발견하고는 남편과 환호성을 질렀지요. 찾을 때 재미가 쏠쏠해요. 예전에 우리 아이들도 미션 완수를 할 때 이런 기분이었을까요? 최대한 그림책 장면 모양새와 똑같게 찍으려고 앞으로 뒤로 요리조리 움직여 봅니다. "사진 찍게 여길 좀 봐, 눈 감았잖아. 한 번만 더 웃어 보자." 아이들을 어르고 달래던 그때와 달리, 이번 메인모델은 사진사의 반복된 요구에도 순종적입니다.

그림책 속의 장면을 찾다 보면 그야말로 천천히 걷고 풍경을 음미하는 여행이 됩니다. 스쳐 가던 작고 사소한 것들에 눈길이 머물지요. 명문대가가 아님에도 수십 채 비슷비슷한 초가집 가운데 내 고향 집처럼 한눈에 들어옵니다. 정겨움과 이야기 가득했던 앞마당은 정비 중인가 봅니다.

요즘엔 꼭 역사 유적지 그림책이 아니더라도 맘 가는 대로 그림책 한 권을 챙겨 나섭니다.
그림책을 들고 좀 더 나은 장면을 찍기 위해 고군분투하는 내 모습에서 그림책이 도대체 무엇이길래 저러나 호기심이 피어나길, 차 한 잔 마시는 휴식 시간에 테이블에 놓인 그림책 표지에 눈도장이 찍히기를 바라는 맘이지요. '그림책과 함께 떠나는 여행'은 함께 가는 이에게 그림책으로 건네는 초대장입니다.

그림책 작가 경혜원의 샤르자 국제 도서전 여행기

글 경혜원

2022년 코로나 팬데믹이 한창 진행 중인 여름에 주한홍콩문화원 초청으로 일주일 격리 포함 2주간 혼자 출장을 다녀왔다. 같은 겨울에는 KBBY팀과 파리 출장길에 올랐다. 내용도 무게도 내게는 무겁던 책을 가을과 겨울, 연이어 출간한 직후라 몸도 마음도 한없이 지친 상태였다. 어찌저찌 일들은 탈 없이 마무리는 되었지만 내가 탈이 났다. 파리 출장 직후 코로나에 처음 감염되고 이후 불면증에 시달리다 홍콩 격리 중 경험했던 공황 증세가 나타나기 시작했다. 밀린 일이 산더미인데 작업은커녕 일상이 다 무너졌다. 모든 일을 내려놓고 병원에 다니며 숨을 쉬고 밥을 먹고 길을 걷고 잠을 잘 수 있다는 사실 만으로도 감사하게 됐다.

이전에 나의 모든 우선순위는 일이었다. 하고 싶어도 일을 못 하는 상태가 되자 비로소 삶이 보이기 시작했다. 삶의 기본은 나, 그리고 나의 사람들이었다. 나를 돌보고 사람들을 더 만났다. 그렇게 조금씩 회복되는 와중에 '샤르자 국제 도서전' 출장 섭외 연락을 받은 것이다. 이름마저 생소한 샤르자. 샤르자가 아랍에미리트에 있는 것도 모르던 때였다. 진흥원의 담당 주임님께 며칠만 고민해 보겠다고 양해 드린 뒤 같이 가자고 남편을 설득하기 시작했다. 남편은 회사에서 한창 바쁜 시기라 도저히 불가능하다고 했다. 같이 가는 작가 리스트를 다시 살펴봤다. '김상근, 서현, 박현민, 경혜원, 최혜진'(서현 작가님은 개인 사정으로 결국 불참하셨다). 다 내가 좋아하는 분들이고 이들 중 한 명인 것이 기뻤지만 내 최대의 적은 나였다. 공교롭게 두 번의 긴 출장 이후 아팠는데 또 국외로 나갈 수 있을까? 공황을 겪었는데 비행기를 탈 수 있을까? 내가 가서 도움이 될까? 괜히 또 아파서 폐를 끼치는 것은 아닐까?
이런 징징거림에 남편이 말했다.
"그럴 거면 가지 마."
나는 담당 의사 선생님께 부탁해 비상약을 든든히 챙기고 비행기에 올랐다.

늦은 밤, 샤르자 국제도서전 전시장 바로 옆 위치한 호텔에 도착하자 미리 와서 준비 중인 용역 업체 직원 중 한 분이 해사하게 웃으며 우리를 맞이해 주셨다. 샤르자는 아랍에미리트연합의 도시 국가 중 하나이고 아부다비, 두바이에 이어 세 번째 큰 도시이다. 2023년 서울 국제 도서전의 주빈국이 샤르자였다. 공주가 직접 한국 도서전을 방문했고 같은 해 샤르자 도서전에서는 한국이 주빈국이 되어 나까지 오게 된 것이다.

185 + 라키비움J Blue

3인 3색 그림책 여행 ③

이번 출장에서 나의 목표는 하나였다. 뭘 어떻게 잘해서 현지에서 결과를 내려 하지 말고 나와 함께하는 모든 사람들을 귀하게 여기고 불특정 다수를 기쁘게 하기보다 특정 내 사람들을 만족하게 하자.
이런 나의 목표에 부응이라도 하듯 이번 샤르자 일정의 동료들은 환상의 케미를 이루었다. 그림책으로 묶인 이 사람들은 서로가 다르면서도 서로 공감할 수 있고 달라서 경이롭고 재미있었다. 진흥원 동료들은 작가가 지치지 않고 일정을 소화할 수 있도록 알뜰살뜰 살피며 함께 했다. 김상근 작가는 샤르자 공주님과 두더지 인형을 들고 셀카를 찍을 정도의 친화력을 보여줬고, 박현민 작가는 세련된 그림과 다르게 털털하고 소박한 이미지로 일정 내내 모두에게 웃음을 주었다. 최혜진 작가는 나와 여러 사정이 비슷하게 맞물린 지점이 있어 속 깊은 얘기를 나누는 친구가 됐다. 우리가 머무는 도서전 기간 동안 서로의 일정이 테트리스처럼 겹치지 않게 나뉘어 있어 작가지만 독자로서 작가의 작품에 대해 들을 수 있는 것도 내게는 매우 의미 있는 시간이었다. 한국에서 징징댔던 그 모든 우려는 다 기우가 되었다.

아랍어는 구어와 문어가 달라서 주로 구어를 쓰는 유아들을 위한 책을 만들거나 번역 출간 하기가 여의치 않다고 한다. 아랍에미리트는 현지인보다 외국인이 더 많아 아예 영어나 프랑스어로 된 그림책을 직접 들여와서 어린이들에게 읽히는 실정이라고. 그래서 도서전을 비롯해 지혜의 집(The House of Wisdom) 도서관에서 만난 그림책들도 대부분 영어나 프랑스어로 된 책들이었다. 그곳에서 만난 그림책 두 권 《STORIES》, 《Le Nageur Solitaire》는 한국에 돌아오자마자 인터넷으로 구매했다. 《STORIES》는 상자를 열면 14개의 다양한 형태의 책이 들어있다. 건물의 층계, 또는 이야기, 둘 다를 뜻하는 'STORIES'. 《Le Nageur Solitaire》는 모든 것이 멈춘 듯한 팬데믹 시기에 매일 매일 일기를 쓰듯 그림을 그린 책이다. 우리말로 풀이하자면 '고독한 수영 선수'이다.

모든 책, 모든 이야기는 삶에 대한 것이고 그 삶을 사는 사람에 대한 것이다. 책이야 평생 끼고 살던 것이니 당연히 머리로는 알고 있었는데 책 만드는 일이 직업이 되면서 중요한 것을 잊고 있었다. 사람을 앞서는 것은 아무것도 없다는 것. 작가로서 값진 일은 책을 만드는 동안 만나는 사람들이라는 것. 당연하듯 만나던 편집자, 동료 작가, 책을 사랑하는 사람들, 어린이 독자들.
바쁘면 바쁠수록 작업실에 고립되는 직업. 아무도 못 만나고 아무 데도 갈 수 없던 팬데믹이 전혀 불편하지 않고 오히려 일에 집중할 수 있었던 나. 늘 책으로 관계를 이야기하면서 정작 내 삶의 관계는 돌아보지 않던 나를 병이 가로막았고 뒤돌아보게 했고 생각하게 했다. 그리고 샤르자에서 모든 일정과 만남은 자기 반성에 대한 선물 같은 시간이 되었다.
낮 동안 일정을 마치고 저녁 식사 후 밤 바닷가를 걸으며 산책했는데 최혜진 선생님이 말했다.
"제가 너무 복 받은 것 같아요. 여기 이렇게 같이 걷는 이 시간이 너무 좋아요."
나는 무슨 복이 이리 많아서 이런 말을 하는 사람과 같이 걸으며 이야기를 나누고 있을까.

작가로 사는 것은 복이다. 책을 만드는 사람들, 읽는 사람들을 늘 가까이하며 함께 밥 먹고 웃고 사는 얘기할 수 있으니. 내가 만든 책은 그 즐거움의 하나일 뿐 결과가 아니다. 결과는 사람이다. 이렇게 졸고를 쓸 수 있는 것도 〈라키비움J〉 편집장님 덕분이다. 그림책이 나를 여기로 이끌고 사람으로 이끌었다.
"그런데도 가길 잘했다."

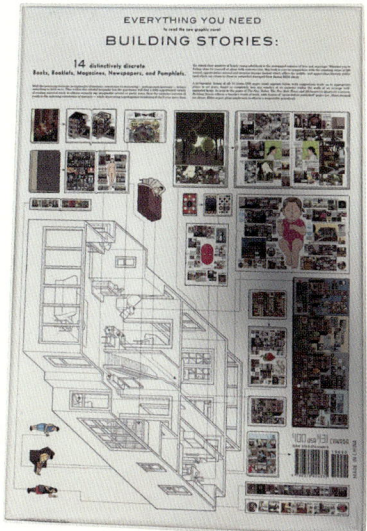

경혜원 | 20년째 비정규직 그림 노동자로 일하고 있습니다. 공룡을 소재로 지은 책이 많습니다. 최근작으로는 《커다란 비밀 친구》, 《나와 티라노와 크리스마스》가 있습니다.

커다란 비밀 친구

경혜원 그림책

위즈덤하우스

세계인의 주목을 받는 시각적 내러티브
안경미 작가 * 신작

보름밤에만 가면을 피우는 버섯이 있대.
그 아이는 어떤 가면이 필요했을까?

샤르자 어린이 독서 축제
대상 수상
★★★★★

글·그림 안경미 | 17,000원 | 저야, 성장, 사회화, 가면

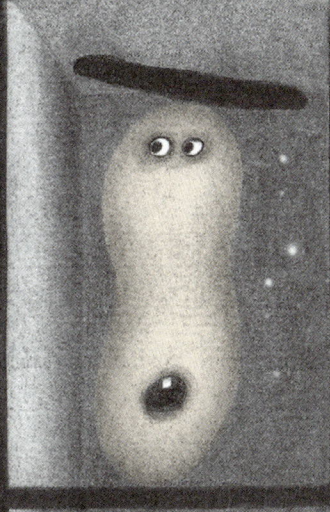

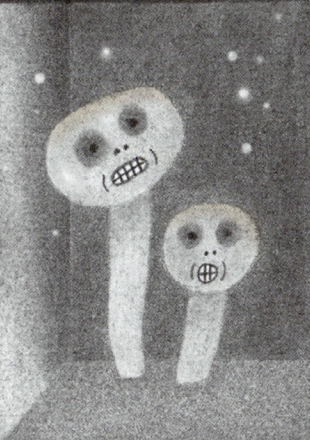

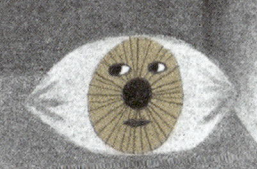

**이야기라는
공간을 탐구하는
정진호 작가의
그림책**

신간

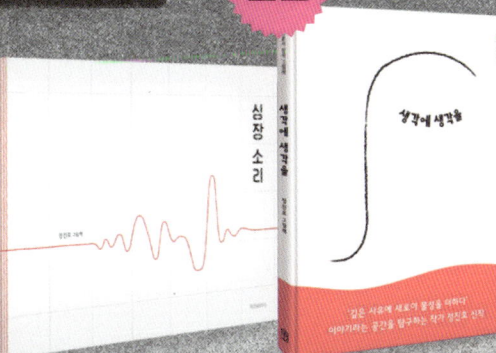

글·그림 정진호
각권 13,000원, 17,000원, 12,000원

TRAVEL

오감 만족 북캉스

사는 곳도, 나이도 모두 다른 〈라키비움J〉 에디터들이
이번 여름 북캉스를 떠나려고 한다.
장소부터 음식, 음악, 향기 그리고 빠질 수 없는 그림책까지
오감을 만족시킬 에디터들의 취향을 들어 보자.

어디로 갈까?

나는 호숫가 북카페로 가고 싶어. 윤슬을 보면서 예술서적 북큐레이션을 만끽하는거지!
— 현수

카페 가자! 책 읽기에 딱 좋은 조도의 조명과 허리가 아프지 않을 정도로 푹신한 1인용 소파가 있어야 해! 미술관 옆 카페면 더 좋겠어.
— 미리

그늘이 있는 바닷가. 반드시 오페르툼의 로즈 패턴 피크닉 매트를 깔아야 해!
— 유진

북캉스는 무조건 풀빌라지! 아이들은 수영장에 넣어두고 나는 종일 맥주를 마시며 책만 읽을거야!
— 시내

여름 바캉스는 실내가 짱이지. 올 여름에는 이수지 작가의 전시가 열리는 순천그림책도서관, 어때?
— 예라

우리 뭐 먹지?

북캉스에는 무조건! 차가운 맥주 맥주 맥주라니까!
— 시내

나는 고소하고 쌉싸름한 아이스라테!
— 미리

여름에는 가성비 좋은 상큼 달콤 부드러운 뉴질랜드 쇼비뇽 블랑이 최고지! 동원 덴마크 후레쉬 모짜렐라 미니와 방울토마토 거기에 올리브오일 + 소금 + 후추까지 뿌려 같이 먹자!
— 유진

페데리코 파네르니나 까바 브뤼. 꼭 김치냉장고에 넣어뒀다가 마셔야 한다고! 가성비도 좋아 꿀꺽꿀꺽 마셔도 좋지. 거기에 피코크 할라피뇨 맛 나초칩! 그냥 먹어도 맛있고 살사 소스 찍으면 멈출 수 없다고!
— 예라

나는 맥주 못 마신다구! 대신 파인애플주스 한가득, 말리부는 향만 스쳐 간 얼음 동동, 짝퉁 하이볼!
— 현수

어떤 노래 들을까?

막스 리히터가 편곡한 비발디 <사계>, 스테라 장의 <L'Amour, Les Baguettes, Paris>, 임윤찬이 연주한 베토벤 <피아노 협주곡 제3번>, 이 음악들과 함께라면 난 이미 유럽에 도착
— 미리

보사노바 재즈 좋지!
아이유 노래도 듣자!
— 시내

안토니오 카를로스 조빔의 <Wave> 들어 봤어? 여름의 보사노바는 나를 휴양지로 옮기는 효과가 있지.
— 예라

나는 음악 예능 <바라던 바다>에서 온유와 수현이 부른 노래들이 정말 좋더라!
— 현수

나는 팻츠 윌러가 작곡한 <지터버그 왈츠> 그리고 <미드나잇 인 파리> OST
— 유진

어떤 향기 좋아해?

1년 365일 언제나 내가 좋아하는 향은 조말론의 다크 엠버 & 진저 릴리 코롱 인텐스, 늘 나를 기분 좋게 해 주는 이 향을 북바캉스에 포기할 일은 없을 듯!
— 유진

알레르기 인간에게 향수는 머나먼 당신! 하지만 교보문고의 향 <The Scent of PAGE>만큼은 오케이지! 책과 문구가 가득 있는 그곳은 거의 최고의 놀이동산이랄까. 생각만해도 기분이 좋아잔아!
— 현수

익숙한 게 좋지. 평소에 사용하는 입생로랑 리브르 오드 뚜왈렛. 향수 광고 문구가 예사롭지 않아. '자유를 즐기는 대담한 여성들을 위한 향수' 그렇다면 이게 바캉스와 딱 들어맞는 향이지!!!
— 미리

Aaran, after the rain.
여름에 스코틀랜드 여행갔을 때 샀던 로컬 향수.
가볍지만 가볍지 않은,
뿌릴 때마다 스코틀랜드를 떠올리게 만드는 향.
— 예라

자몽, 연꽃을 베이스로 한 새벽공기 향수, 이끼를 베이스로 한 우디
— 시내

우리가 사랑하는 그림책이 빠질 순 없지!

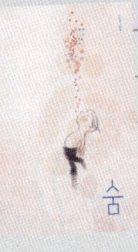  

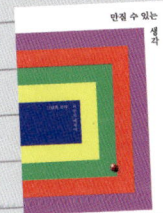  

- 《숨》 노인경 글·그림, 문학동네 | 《팥빙수의 전설》 이지은 글·그림, 웅진주니어 | 《나무는 자라서 나무가 된다》 샤를 베르베리앙 글·그림, 제닝 옮김, 키위북스
- 《내가 아는 기쁨의 이름들》 소피 블랙올 글·그림, 정회성 옮김, 웅진주니어 | 《안녕, 나의 등대》 소피 블랙올 글·그림, 정회성 옮김, 비룡소 | 《별이 빛나는 밤》 지미 리아오 글·그림, 한미숙 옮김, 천개의바람
- 《만질 수 있는 생각》 이수지 글, 비룡소 | 《여름의 루돌프》 김성라 글·그림, 사계절 | 《휴가》 이명애 글·그림, 모래알(키다리)

아니! 우리가 함께 한 시간이 얼마인데. 우리가 카톡으로 나눈 대화들이 얼마나 많은데. 이렇게나 우리 취향이 다르다고? 과연 우리 이번 여름 함께 북캉스 갈 수 있을까?

81
이제는 나이를 한 해 한 해 세는 게 아니라
행복하게 보내는 순간 순간을 세고 있다고?

삶의
이야기를
경청하는
시간,
그림책을
펼치다

《라키비움J》가 만난 인생들, 지금의 한 문장

4 엄마 좋아! 아빠 좋아! 엄마 까투리도 좋아!

6 나 이제 아가 아니야. 언니야!

8 야호! 학교에 갈 수 있을 만큼 대단한 나이다!

10 이제 우리도 십대다!

13 나의 꿈은 작곡가입니다.

18 (동생) 내 실력보다 좋은 대학에 가고 싶다.
→ 23 (누나) 그런 방법은 없다는 걸 내년에 깨닫게 될 거다.

22 방황하면 좀 어때? 나 고작 만 스무 살이야!

34 (부부) 우리가 부모라니!

41 내가 좋아하는 것을 하나하나 알아가고 있어요. 나는 내가 궁금해요.

50 내 꿈이 뭐였지?

67 가족과 더 많이 여행을 다니고 싶어. 그래서 매일 운동도 열심히 해.

POSTCARD

하늘아 안녕?
네가 벌써 9살이, 내가 벌써 16살이 되었다는 사실이 아직도 믿기지 않아.

지금까지는 사실 한 살 한 살 나이를 먹어 가는 게 크게 다가오지도 않았고 가끔은 이를 즐기기도 했어. 근데 올해 들어서 16살이 되니 '16'이라는 숫자가 그렇게 막막한 거 있지?

난 현재 내 나이가 편한 마음으로 원하는 것에 도전해 볼 마지막 시기인 동시에 앞으로 내게 올 현실적 문제에 대비할 시기라고 생각해.

사실 이제부터는 정말 시간적 문제 등 다양한 사유로 하고 싶은 것들에 맘껏 도전해 보기 어려울 것 같아. 그래서 난 네가 16살이 되기 전까지 남들 시선에 구애받지 않고, 또 스스로도 본인에게 제약을 두지 않으며 하고 싶은 걸 꼭 다 해 봤으면 좋겠어. 새로운 것에 많이 도전해 보고, 세상에 대해 알아갔으면 좋겠어. 실패를 두려워하지 말고, 원하는 것이면 뭐든 다 도전해 보기를 바라는 마음으로, 네게 ≪실패 가족≫이라는 책을 추천할게.

FROM: 사라 언니가

《100 인생 그림책》하이케 팔러 작가 인터뷰

누구나 《100 인생 그림책》을 처음 만나면 자신의 나이가 나온 페이지를 펼쳐 그림과 구절을 음미한다. 지나온 시간의 의미를 곱씹어 보면 왠지 내 나이가 멋져 보인다. 가족이나 가까운 이의 나이도 찾아보게 되는데, 그들의 인생도 참 귀하게 느껴진다. 유한한 인생의 매 순간을 가치 있게, 의미 있게 만들어 주는 《100 인생 그림책》. 이 책을 쓴 하이케 팔러 작가가 지난해 한국을 찾았다. 그녀와 나눈 삶과 배움, 그리고 그림책 이야기를 지금부터 소개한다.

Editor 오현수

《100 인생 그림책》
하이케 팔러 글, 발레리오 비달리 그림,
김서정 옮김, 사계절

이 책의 시작이 궁금합니다.
갓 태어난 조카를 보며 아이디어를 떠올렸습니다. 조카가 인생에서 배울 점을 1년에 한 줄씩, 10줄 정도의 시로 써 두었어요. 원본은 잃어버렸지만, 그림책으로 만들면 좋을 거 같아 출판사를 알아보았어요. 처음엔 출판을 원하는 곳이 없었어요. 출판사가 보기에는 1년에 하나씩 경험을 담은 100년 이야기라는 아이디어가 너무 복잡하고 이해하기 어려웠다고 해요.

책에 조카들이 작가님께 직접 들려준 이야기가 있나요? 조카들의 모습이 반영된 부분이 있는지도 궁금해요.
큰 조카 파울라에게 아이디어를 자주 묻곤 했어요. 여섯 살 때 파울라는 "7시에 일어나지 못하면 학교에 가지 못해요."라는 이야기를 해 주었지요. 파울라가 해 준 이야기는 책 속에 6세, 7과 1/4세의 장면이 되었습니다.

책엔 인생의 즐거움도 있지만 두려움, 외로움, 죽음과 같은 이야기도 들어있습니다. 어린이 독자에게 인생의 어두운 이야기를 들려주는 것에 주저함은 없었나요?
사실 전혀 주저하지 않았습니다. 어린이들은 보통 무관심해 보이지만 어른들이 어떤 사람의 이혼, 질병, 상실 등 인생의 어두운 이야기를 하면 아이들이 구석에서 조용히 귀를 기울이고 있는 걸 볼 수 있어요. 어른들이 눈치채고 들어가라고 하기 전까지 말이지요. 아이들은 이미 이런 것들을 알고 있고, 또 알고 싶어 하는 것 같아요. 서너 살만 되어도 아이들은 주변 사람들의 슬픈 얼굴을 보며 죽음을 이해하고 함께 울어요. 인생의 어려운 점을 아이들이 이미 알고 있고, 삶에서 배우게 될 것이기에 망설이지 않았습니다.

하이케 팔러 작가는 '삶에서 무엇을 배우셨나요?'라는 단순해 보이지만 철학적인 질문을 사람들에게 던지고, 긴 시간을 들여 그들의 삶 이야기를 경청했다. 그리고 응축된 삶의 한순간, 한 문장을 길어 올렸다.

40대에 이 책을 썼는데 아직 경험해보지 못한 노년의 삶에 대한 부분은 어떻게 쓰셨을까요?
노년의 내용은 사람들을 관찰한 경험이나 인터뷰한 내용을 편집한 것입니다. 과거에 원예엔 관심조차 없던 이들이 가드닝에 푹 빠지는 모습이나, 여유가 생기면 예약도 하지 않고 전 세계를 날아다니며 여행하는 걸 보았죠. 또 놀라웠던 건 인터뷰를 했던 70대 이상의 어르신들이 제 예상과 달리 죽음을 두려워하지 않았고 훨씬 더 행복한 모습이었다는 거예요.

74세를 보면 노부부가 춤추는 모습이 나옵니다. 책에서 제가 제일 좋아하는 장면이에요. 두 사람 중 부인은 저의 선생님입니다. 그녀는 불행했던 두 번의 결혼 끝에 70세가 되어 지금의 남편을 만났어요. 참 행복해 보이는 부부에게 제가 그 비법을 물었더니 이렇게 말하더군요.
"우린 작은 일로 싸우지 않아. 우리가 가진 것들을 소중히 여기지. 우린 서로가 가장 잘 맞는 상대라고 생각해."

연령별 간략한 문구 뒤에는 필연적으로 긴 인생 이야기가 숨어있겠지요. 사람들에게 이야기를 끌어내고 그 속에서 특별한 순간을 발견하는 작가의 비법이 있을까요?
글쎄요, 먼저 그들의 삶 이야기를 꺼내려면 사람들과 정말 많은 시간을 보내야 한다고 생각합니다. 많은 인터뷰가 2~3시간 정도 걸렸습니다. 인내심을 갖고 기다려야 합니다. 시간이 좀 지나면 사람들은 너무 피곤해져서 자세히 묻지 않아도 저한테 모든 걸 다 말해줍니다. 때로는 인터뷰어를 믿게 만드는 것보다 인터뷰이의 체력을 소진하게 만드는 게 더 좋은 방법일 때도 있습니다.

당신의 인터뷰 비법은 '경청'과 '시간'이군요. 저널리스트로서 숱한 인터뷰를 한 경험에서 온 노하우 같아요. 그 중 기억에 남은 인터뷰가 있다면 들려주세요.
마지막 두 문장 98세와 99세의 인생 장면은 그림책 작가 주디스 커의 이야기예요. 그 명성을 제 책 광

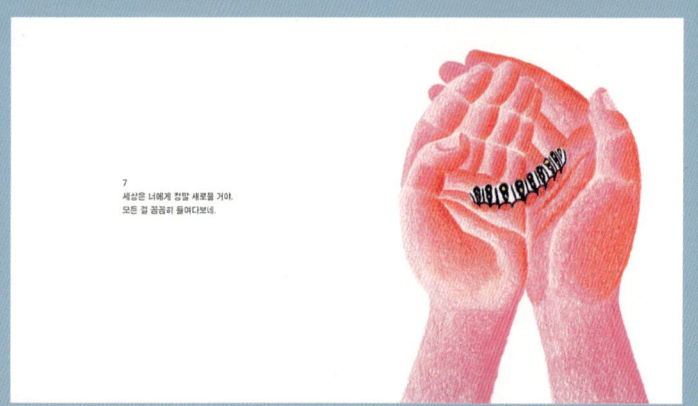
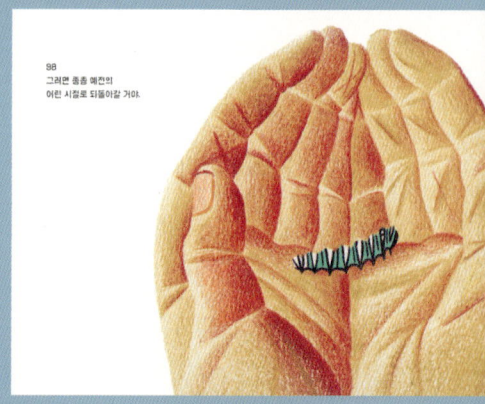

고에 이용하고 싶지 않았기 때문에 책 속에 그녀의 이름을 언급하지 않았어요. 주디스 커와 전화 인터뷰를 하면서 "그림책을 쓰고 있는데 당신이 인생에서 무엇을 배웠는지 알고 싶습니다."라고 물었습니다. 그녀는 "가끔 나는 아직도 무언가를 잃은 어린아이처럼 느껴질 때가 있습니다. 내가 인생에서 무엇을 배웠는지 모르겠습니다."라고 말했죠.

주디스 커 작가의 대답을 들을 때 어떤 기분이었나요?
독일에서 유복했던 유년기 시절을 보냈던 주디스 커는 히틀러의 핍박으로 모든 것을 잃고 12살 때 영국으로 망명을 했어요. 동화《히틀러가 분홍 토끼를 훔치던 날》에는 그 이야기와 끔찍한 상황에서도 진짜 행복할 수 있다는 메시지가 담겨 있지요.
작가의 '무언가를 잃은 어린아이처럼 느껴진다'란 대답은 '나는 항상 12살의 나이로 머물고 있다'라는 뜻이라 생각됩니다. 그 대답이 저에겐 중요한 인사이트였어요. 우리는 정말 많이 변해가지만 어떤 면에서는 여전히 항상 똑같습니다. 모든 사람은 자신을 어린아이처럼 느낄 때가 있지요. 주디스 커 작가는 많은 사람에게 '나의 한 부분은 항상 동일하게 남아 있다.'라는 사실을 깨닫게 해 주었습니다.

책에서 나무딸기 잼 이야기가 많이 나옵니다. 주요 모티브로 사용한 이유가 있을까요?
나무딸기 중에서도 특히 블랙베리 잼은 독일 사람들에게 한국의 김치 같은 존재예요. 자연 친화적인 독일인들은 블랙베리를 따서 잼 만들기를 좋아합니다. 시골 농장에서 자란 우리 어머니도 숲에서 버섯이나 블랙베리 따기를 좋아하셨고 심심했던 저도 가을 내내 부모님과 블랙베리를 따곤 했지요. 블랙베리를 보면 어머니가 생각났고 그런 것들이 어떻게 표면화되는지 다양하게 보여 주려 했어요. 시골 출신 옛날 분들이 그러듯 82세인 어머니는 고향 집에 갈 때마다 '사랑해'라는 말 대신 엄마표 잼을 챙겨 주시며 마음을 전달하셨어요. 42세에 직접 만드는 잼은 스스로 자신을 챙길 수 있는 어른이 되었다는 '성장'을 의미합니다.
또 다른 잼 이야기인데요. 3시간여 인터뷰에도 별 이야깃거리가 없던 동베를린 출신의 노인이 갑자기 죽음 이야기를 꺼냈어요. 매년 마지막 블랙베리 잼이라 생각하고 지하실에 들어갔지만, 새봄을 맞이했고 또 다음 해를 맞이할 거라 했죠. 그 문장과 이야기가 저를 울렸고 이 책을 관통하는 주제가 되었습니다. 언젠가 죽음을 맞이하겠지만, 우리는 오늘과 내일을 이어 나갑니다. 삶의 유한성을 보여주는 아름다운 문장이라고 생각해서 책에도 썼답니다.

작가는 주디스 커 작가와의 인터뷰를 통해 얻은 깊은 통찰력을 애벌레와 나비 그림으로 표현했다. 7세와 98세 장면은 손안에 놓인 애벌레 그림으로 서로 연결되었다. 99세에는 '삶의 배움'에 대한 물음과 나비가 등장한다. 애벌레와 나비의 순환구조는 삶의 유한성을 넘어서 연속성을 보여 준다. 이 또한 삶을 통해 배운다.

45
지금 그대로의 네 모습을 좋아하니?

"인생에서 가끔 하기 싫은 일을 해야 할 때가 있는데, 생각했던 것보다 훨씬 쉽거나 더 좋았고, 아주 좋은 교훈을 얻기도 합니다. 때로는 무엇을 해야 할지 정말로 헤맬 때도 있지만 그 과정 자체로도 좋은 일이라는 것을 깨닫게 되지요."

나이 표현에 있어 유년기는 분수로도 표현되고, 세분화된 느낌이에요. 반면 노년에는 그림 속에 숫자가 숨어 잘 보이지 않기도 합니다. 이런 표현 방식을 통해 독자들에게 하고픈 이야기가 있었나요?
어린 시절 시간의 흐름이 훨씬 느리게 느껴지고 노년기엔 시간의 흐름이 매우 빠르게 느껴지는 것을 반영하려는 그림 작가 발레리오의 제안이었어요. 그의 말이 옳고 현실적이라고 생각했거든요. 이미지, 문자, 숫자들이 섞여 만들어지니 재미도 있었어요. 실제 그림책에서는 중년 이후 부분이 분량 차이로도 드러납니다.

발레리오 작가와 두 번째 책《우정 그림책》도 함께 작업하셨죠? 두 분의 만남과 협업은 어떤 식으로 이루어지셨나요?
인스타그램으로 발레리오 작가를 만났는데 그때 둘다 베를린에 살아서 더욱 좋았어요. 협업을 시작했을 때 글과 이미지에 큰 간극이 필요하다는 것을 빨리 깨달았습니다. 글 그대로 묘사하는 그림 표현을 발레리오가 원하지 않아서 더 추상적인 문장으로 바꾸거나, 서로 아이디어를 주고받는 순환적인 방식으로 작업했습니다.《우정 그림책》이야기를 조금 덧붙이자면, 이 책은 파티 후 영감을 받아 한 편의 시처럼 며칠 만에 글을 빨리 완성했어요. 발레리오 작가 역시 전체 텍스트를 놓고 생각이 흘러가는 대로 스토리보드 하나만 만들었습니다. 일종의 한 세트처럼요.

이번에 한국의 다양한 독자층을 만나면서 한국 독자들에 대해 느낀 점이나 인상 깊은 점이 있으신가요?
독자들이 제가 쓴 책이 자신을 크게 동요시켰고, 도움을 받아 인생이 바뀌었다고 말할 때 정말 놀랍고 크게 감동했어요. 독일의 어른들은 수줍음을 많이 타서 털어놓지를 못하고 일반적으론 어린이 독자들이 훨씬 더 개방적이거든요. 그래서 자신의 인생 경험에 대해 솔직하게 공유하는 한국 독자들과 만남이 멋진 경험이었어요. 독자들의 자기 고백과 적극성, 솔직함은 저를 놀라게 합니다. 사람들 앞에서 그런 내밀한 이야기를 솔직하게 나누는 사람들이 있다는 게 믿기지 않을 정도였어요.

작가에게 꼭 묻고 싶은 질문입니다. "인생에서 무엇을 배우셨나요?"
제가 배운 것 중 많은 부분이 이 책 속에 담겨 있다고 생각합니다. 코로나 기간 3년 동안 안식년을 보냈습니다. 그때 독일에서 대규모 락다운이 이루어져 아파트 안에만 머물렀던 적이 있어요. 전에는 매일같이 업무 스케줄이 꽉 차 있고, 인터뷰 등 늘 여러 사람과 약속이 있는 바쁜 삶을 살았었죠. 그런데 이 기간을 보내면서 제가 많은 사람을 만나기보다 한 사람과 이야기하는 것을 더 좋아한다는 걸 알았어요. 어떤 것을 왜 좋아하는지, 내가 진짜 어떤 사람인지 알게 되면서 정말 충격을 받았습니다. 지금은 이런 생각을 많이 합니다. 내 상상을 믿을 수 없다. 현실은 명백하게 너무나 다르다. 실생활에서 뭔가를 할 때는 좋고 나쁜 것들이 혼재되어 있잖아요. 내가 무엇을 좋아하고, 좋아하지 않는지에 대한 나 자신의 판단과 생각을 믿는 것 같아요. 삶은 예측 불가능입니다.

마지막으로. 〈라키비움J〉 독자들에게 작가님 자신을 세 가지 표현으로 소개해주세요.
저는 무한호기심을 갖고 있고, 호기심 가득히 듣는, 김치를 사랑하는 작가입니다.

하이케 팔러 | 독일의 유명 주간지 〈Die Zeit〉의 편집자이자 저널리스트로 《100 인생 그림책》은 2018년에 출간된 그녀의 첫 번째 그림책이다. 출간 첫해 독일에서 4만 부 이상이 판매되고 전 세계 여러 나라에 소개되며 많은 사랑을 받고 있다.

그림책으로 배우는 삶과 죽음
"그림책으로 꼭 무서운 이야기해야 해요?"

글 임경희

아이들에게 너는 언젠가는 죽는 유한한 존재라는 엄연한 사실에 대해 말해준 적 있나요? 말하기 꺼려 하는 나 안에는 '죽음에 대해 불안해하는 나'가 크게 자리 잡고 있습니다. 우리 사회는 죽음을 투명 인간 취급합니다. 엄연히 내 삶과 손잡고 있는 또 다른 '나'인데도 말입니다. 있는 것을 없는 것으로 취급하는 사회, 건강할까요?

그림책의 텍스트와 그림의 언어는 늘 다정합니다. 특히 죽음과 상실과 애도에 대해서는 세심하고 따뜻합니다. 절판돼 무척 아쉬운 그림책이 있습니다. 《살아있는 모든 것은》이라는 그림책인데요. "살아있는 모든 것에는 시작과 끝이 있단다."라면서 이야기를 시작합니다. 살아있는 모든 것은 '시작과 끝 그 사이'에만 산다고, 슬프지만 살아있는 모든 것은 다 그렇다고 다정하게 말해줍니다. 풀, 새, 물고기, 나무, 토끼, 아주 작은 곤충까지도 그렇다고. 사람도 그렇다고 무겁지 않게 말합니다. 아이들은 이 그림책을 읽으며 "아! 나도 그 언젠가는 죽는 게 맞구나" 고개를 끄덕이죠. 시작과 끝 사이에만 사는 유한한 존재라는 대명제 앞에 기꺼이 항복하게 합니다. 이 그림책을 읽어드렸던 신부님도, 20세에 실명을 한 90세 할아버지도 같은 깨달음을 들려주셨어요.

그림책은 죽음을 이야기하면서 죽음만 이야기하지 않습니다. 자연스럽게 삶의 마당으로 아이를 끌어가지요. 조용하고 평화로운 음악이 갑자기 번개를 내리꽂 듯 단호하고도 실존을 두드리는 위대한 질문도 던집니다. 그림책은, 특히 삶과 죽음을 담은 그림책은 인생을 향해 커다란 질문을 품게 합니다. "모두 죽는다면, 이제 너는 어떻게 살 거야?"

그림책 《설탕 한 컵》을 볼까요? 가족 같던 고양이 트럼펫이 죽자 어린 애디는 현자 스틸워터를 찾아가 다시 살려달라고 합니다. 스틸워터는 애디에게 아무도 죽지 않는 집에서 설탕 한 컵을 얻어 오면 애디에게 필요한 약을 만들어 주겠다고 하죠. 애디는 과연 설탕을 구했을까요? 아무도 죽지 않은 집이란 없습니다. 누군가는 그 집에서 죽었어요.
이제 애디는 죽은 고양이를 추억하며 맘껏 웁니다. 스틸워터는 말합니다. 트럼펫을 생각하면 늘 슬플지도 모른다고, 그러나 시간이 아픔을 무디게 해줄 거라고요. 애디는 깨닫지요. '아! 사랑하는 누군가가 죽어도 그것으로 끝이 아니구나, 내 마음속에서 언제까지나 따듯하게 이어지고 있구나.'

다중지능 이론을 밝힌 하워드 박사는 실존적 지능의 중요성을 이야기합니다. 실존적 지능이란 인간은 어디에서 왔는지, 삶과 죽음은 무엇인지, 죽으면 그것으로 끝인지, 삶의 고통은 무슨 의미가 있는지 커다란 질문을 하는 능력입니다. 그림책은 한 인간이 태어나 시작과 끝 사이에만 살면서 어떻게 살아야 할지 고민할 때, 살면서 겪게 되는 수많은 역경을 견디고 잘 돌파하도록 손을 내밉니다. 특히 죽음에 대해서는 살갑기 그지없고 주저앉은 나를 안아주지요.

저는 '그데함'이라는 운동을 벌이고 있습니다. 그림책으로, death 죽음을, 함께 이야기 나누며 살자는 운동입니다. 여러분의 즐거운 동참은 후대에 물려줄 훌륭한 유산이 될 것입니다.

《살아있는 모든 것은》 브라이언 멜로니 글, 로버트 잉펜 그림, 마루벌
《설탕 한 컵》 존 J.무스 글·그림, 박소연 옮김, 달리

《그림책으로 배우는 삶과 죽음》
임경희 글, (주)학교도서관저널

임경희 | 초등학교 교사로 30년 넘게 아이들과 만나며 그림책으로 죽음에 관한 생각을 나누었습니다. 가톨릭대학교 평생교육원, 노숙인 인문대학, 교사 연수, 웰다잉 지도자 양성 교육, 강원대학교 호스피스 완화의료 전문인력 표준화교육 등에서 '그림책으로 배우는 삶과 죽음' 강의를 진행했습니다. 《당신은 가고 나는 여기》, 《삶의 성찰 - 죽음에게 묻다》 공저. 《그림책으로 배우는 삶과 죽음》 씀.

마릴린의 얼굴이 빨개져서
아빠가 애써 묶어 주신 머리를 풀어 버렸어.

《그래서 뭐?》 소니아 쿠데르 글,
그레구아르 마비레 그림,
이다랑 옮김, 제이픽

《싸우지 말라고 하지 마세요》
이다랑 글, 제이포럼

이다랑 | 육아상담전문기업 (주)그로잉맘 창업자이자 발달심리 전문가. 대학에서 아동학을 전공했으며 아동발달심리학 박사 과정을 밟고 있다. 다양한 연구소, 상담센터 등에서 어린이와 청소년을 만나 왔으며, 심리학 기반 콘텐츠를 통해 부모 교육과 방송, 상담 및 SNS 등으로 많은 부모님들과 소통하고 있다. 저서로는 《불안이 많은 아이》, 《아이 마음에 상처주지 않는 습관》, 《싸우지 말라고 하지 마세요》, 《내 아이를 위한 심플 육아》 등이 있으며, 그림책 《그래서 뭐?》, 《사과는 이렇게 하는 거야》를 번역했다.

"친구 말에 쉽게 상처받는 아이, 방어 능력을 키워주고 싶어요."

"친구가 하는 말에 쉽게 상처받는 아이 때문에 고민입니다. 아직 여섯 살밖에 안 되었는데도 또래 중에 말을 거칠게 하는 아이들이 있더라고요. 친구가 '뚱땡이'라고 했다고 하루 종일 저에게 칭얼거리더라고요. 괜찮다고, 그런 말은 신경 쓰지 말라고 해도 아이에게는 큰 도움이 되지 않는 것 같아요. 제대로 방어도 못 하면서 상처만 많이 받는 아이, 어떻게 도와주면 좋을까요?"

친구의 놀림과 공격에 대응할 수 있는 말을 구체적으로 알려 주세요. 영유아기 아이들의 사회성은 누구나 다 부족합니다. 공격적이고 거친 행동을 많이 하는 아이와 제대로 표현하거나 방어하지 못하는 아이들의 특성 차이가 있는 것일 뿐, 다른 사람의 입장을 고려하거나 문제 상황을 잘 대처하는 능력은 모두 부족하지요. 아이가 다른 사람의 말에 쉽게 영향을 받고 필요한 방어를 제대로 하지 못할 때, 양육자의 마음은 참 답답합니다. 내 친구 관계면 당장 달려가서 화라도 낼 텐데 아이들끼리의 문제이니 매번 직접 나서기도 어렵고요. 우선 아이가 속상한 마음을 표현할 때 여기에 대해 부모가 더 감정적으로 동요되거나 흥분된 태도를 보이지 않는 것이 중요합니다. "그런 말 듣고 왜 가만히 있었어?", "너는 뭐라고 했어?"라고 다그치듯 물어보면 아이는 다른 비슷한 상황이 벌어졌을 때, 부모에게 속상한 마음을 털어놓는 것을 싫어할 수 있습니다. 아이가 학령기에 이르면 우리가 볼 수 없고 개입할 수 없는 상황을 더 많이 만나게 될 텐데 아이가 우리에게 말하지 않는다면 아이에게 적절한 도움을 줄 수 없게 됩니다. 아이의 말문을 막는 행동만큼은 최대한 자제하는 것이 중요한 이유입니다.

앞으로 그런 상황에서 아이가 할 수 있는 분명한 언어 표현, 또는 행동 방식을 아이에게 제안해 주세요. "만약 또 그 친구가 그런 말을 하면 너는 어떻게 말하고 싶어?"라고 아이가 상황을 되감아 생각할 기회를 먼저 주세요. 만약 아이가 어려워한다면 **"'그래서 그게 뭐?', '그렇게 놀리는 게 더 이상한 거야!' '이렇게 말해 보는 건 어때?'" 하고 제안해 볼 수 있습니다.** 아이가 부모의 제안을 별로 좋아하지 않는다면, "엄마, 아빠도 비슷한 친구가 있었는데 그때 나는 '그래서 뭐?'라고 무시하듯 이야기했어"라고 경험을 들려주듯 적절한 대응법을 알려 주는 것도 좋습니다.

가장 중요한 것은 또래 아이들이 하는 말보다 부모가 해 주는 말, 부모와의 관계가 아이에게는 더 강력한 영향을 준다는 점입니다. 취학 전 부모가 가질 수 있는 가장 강력한 무기이지요. 아이가 때때로 또래로부터 상처를 받더라도, 부모로서 가장 안전하고 따뜻한 대상이 되어 주고 아이를 지지하는 말을 많이 들려주세요.

폴린은 활짝 웃으며 놀이터로 들어오자마자
바질과 딱 마주쳤어!
"야! 네 몸에 점들, 진짜 이상해. 우웩, 웩, 웩."
폴린은 바질을 똑바로 쳐다보며 말했어.

"그래서 뭐?"

"어… 음… 어……."
바질은 너무 놀라서 아무 말도 못 했어.

그림책부터 소설까지, 무너지는 그 경계

글 정정혜

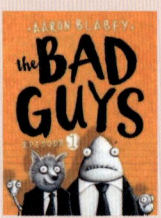

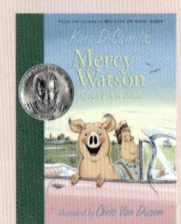
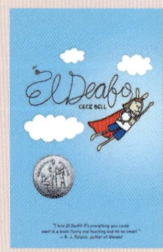

어린이들이 보는 원서는 그림책, 리더스, 그래픽 노블, 챕터북, 소설 등으로 구분할 수 있는데 이는 원서를 대상으로 한 어워드만 살펴봐도 쉽게 알 수 있답니다. 그림책은 칼데콧 상, 그래픽 노블은 아이즈너 상, 리더스는 가이젤 상, 소설은 뉴베리 상! 작가들도 이에 따라 구분할 수 있는데 에릭 칼이나 앤서니 브라운은 그림책 작가이고, 《찰리와 초콜릿 공장》으로 유명한 로알드 달은 소설 작가지요. 아이즈너 상을 여러 번 받은 레이나 텔게마이어는 가장 대표적인 그래픽 노블 작가예요.

그런데 이 경계가 이제는 모호해지고 있습니다. 예전과 비교했을 때, 요즘 아이들은 점점 더 많이, 더 자주 이미지를 접하며 자라고 있어요. 그래서 지금은 이미지를 보고 즉각적으로 그 내용을 이해하고, 나아가 자신의 생각과 이미지들을 조합해서 표현하는 비주얼 리터러시가 강조되는 시대입니다. 이 흐름은 아이들의 읽을거리에도 영향을 미치고 있습니다.

첫째, 많은 그림책 작가가 그래픽 노블, 챕터북, 소설 분야에서 책을 출간하면서 전체적으로 그림의 비중이 점점 커지고 있습니다. 유머 가득한 그림책 《Pig the Pug》의 작가 아론 블레이비는 〈The Bad Guys〉라는 일러스트레이티드 챕터북(그림이 많은 챕터북으로 그림책과 챕터북은 물론 그래픽 노블의 특징도 가지고 있음)을 출간해서 세계적인 베스트셀러 작가가 되었어요. 칼데콧 아너 상을 여러 번 받은 글 작가 맥 바넷도 〈The Terrible Two〉, 〈Kid Spy〉 등의 소설을 출간했는데 기존의 소설과는 비교할 수 없을 만큼 책 속 그림의 비중이 큽니다. 칼데콧 수상 작가 소피 블랙올이 그림 작가로 참여한 챕터북, 〈Ivy and Bean〉 또한 생동감 있는 그림을 보는 재미에 책장이 술술 넘어가지요. 시시 벨은 가이젤 은상을 수상하기도 한 그림책 작가인데 《El Deafo》라는 그래픽 노블을 내놓아 아이즈너 상과 뉴베리 상을 동시 수상했답니다. 가이젤 상과 뉴베리 상을 골고루 받은 케이트 디카밀로의 책들 또한 그림책부터 소설까지, 모두 그림의 비중이 높습니다.

둘째, 기존의 책들이 그래픽 노블이나 새롭게 그림이 들어간 형식으로 재출간되고 있습니다. 〈Magic Tree House〉, 〈Goosebumps〉, 〈Nancy Drew〉, 〈The Babysitters Club〉 등 수십 년 전에 출간되어 아이들에게 널리 사랑받았던, 하지만 재생지로 나왔던 책들이 최근 몇 년 사이에 그래픽 노블로 재탄생했어요. 해리포터도 짐 케이, 케이트 그리너웨이 수상 작가인 에밀리 그래빗 등이 참여한 일러스트레이티드 버전을 내놓았습니다. 원작을 즐겼던 아이들도 새로운 형식의 책을 다시 읽게 되기도 하고, 재생지 형태의 책이라 거들떠보지 않던 아이들도 이제는 집어들 수 있는 책으로 거듭난 거죠.

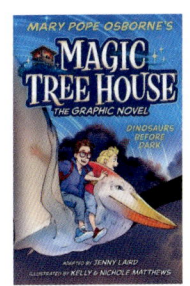  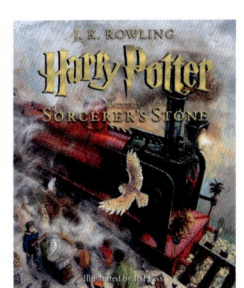

셋째, 그림책, 그래픽 노블, 챕터북, 소설로 정확하게 구분하기 어려운 책들이 점점 더 많이 출간되고 있습니다. 전 세계에 일기 열풍을 일으킨 〈Diary of Wimpy Kid〉는 소설일까요? 그래픽 노블일까요? 처음에는 그래픽 노블로 분류되었는데 최근에는 주로 소설로 분류됩니다. 정말 헷갈리죠? 여러 차례 영화화된 〈Captain Underpants〉는 소설처럼 글자만 있는 페이지와 만화가 있는 페이지가 번갈아 가며 나옵니다. 보통 일러스트레이티드 챕터북이라고 부르지만, 만화의 느낌이 강하죠.

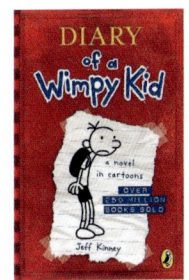 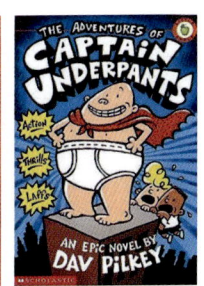

아이가 그림책 읽기는 좋아했는데 챕터북을 읽으려고 하지 않는다면? 그림책을 읽으며 익숙해졌던 작가들이 출간한 챕터북을 한번 권해 보세요! 그리고 전통의 챕터북도 좋지만, 근래에 출간된 챕터북을 먼저 들이밀어 보세요. 그리고 하얀 종이에 그림이 매 페이지마다 나오는, 소설인 듯 그래픽 노블인 듯한 책들로 독서의 부담을 줄여 주세요. 그러면 어느새 묵묵히 독서를 즐기는, 긴 호흡의 글도 빠져들어 읽는 아이를 만날 수 있을 겁니다.

더 이상 '그림이 많은 책'은 어린아이들이 읽는 책이라고 말할 수 없습니다.

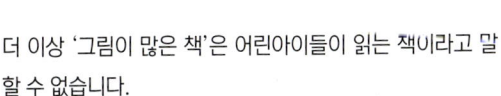

정정혜 | 아이들에게 그림책으로 영어를 가르친 지 어언 20여 년이 훌쩍 넘었다. 영어독서지도사 제자도 2,000명이 훌쩍 넘었다. 호호 할머니가 되어서도 아이들에게 영어 그림책을 읽어 주고 싶다. 저서로 《영어 그림책 공부법》, 《정정혜 샘과 함께하는 첫 영어 그림책》 등이 있다.

BARCODE
그림책 둘러 안내서

Editor 이시내

확실하게 말할 수 있다. 이 기사를 끝까지 읽은 자, 당장 그림책을 꺼내러 움직일 테다. 당신은 앞으로 그림책을 읽을 때마다 멈출 수 없을 거다. 그림책의 물성을 아는 순간, 단순히 보이는 것뿐 아니라 맥락을 파악하고 의미를 찾는 즐거움을 발견할 거니까. 예전에는 몰랐던 것이 이제 새롭게 보일 차례다. 깨알 같은 한 끗 차이가 주는 즐거움(JOY)에 빠질 준비를 하고, 이제 책 뒤표지를 보자.

《움직이다》 로마나 로마니신, 안드리 레시브 글·그림, 김지혜 옮김, 길벗어린이 | 《나는 본다》 로마나 로마니신, 안드리 레시브 글·그림, 김지혜 옮김, 길벗어린이 | 《크게 작게 소곤소곤》 로마나 로마니신, 안드리 레시브 글·그림, 김지혜 옮김, 길벗어린이 | 《알록달록 오케스트라》 안나 체르빈스카 리델 글, 마르타 이그네르스카 그림, 이지원 옮김, 비룡소 | 《피리 부는 아이》 김도경 글·그림, 길벗어린이 | 《모두 다 음악》 미란 글·그림, 사계절 | 《참을성 없는 애벌레》 로스 뷰랙 글·그림, 김세실 옮김, 위즈덤하우스 | 《포기가 너무 빠른 나비》 로스 뷰랙 글·그림, 김세실 옮김, 위즈덤하우스 | 《하나도 안 졸린 나비》 로스 뷰랙 글·그림, 김세실 옮김, 위즈덤하우스 | 《거꾸로 토끼끼토》 보람 글·그림, 길벗어린이 | 《모두 참방》 보람 글·그림, 길벗어린이 | 《완벽한 계란 후라이 주세요》 보람 글·그림, 길벗어린이 | 《틈만 나면》 이순옥 글·그림, 길벗어린이 | 《빛을 찾아서》 박현민 글·그림, 달그림 | 《내 사랑 티라노》 가애 글·그림, 보림 | 《조르주의 마법 공원》 클로드 퐁티 글·그림, 윤정임 옮김, 비룡소 | 《우리가 케이크를 먹는 방법》 김효은 글·그림, 문학동네 | 《호랭면》 김지안 글·그림, 미디어창비 | 《꽁꽁꽁》 윤정주 글·그림, 책읽는곰 | 《꽁꽁꽁 피자》 윤정주 글·그림, 책읽는곰 | 《꽁꽁꽁 좀비》 윤정주 글·그림, 책읽는곰

반드시 확인해 보고 싶을 거라 장담한다

다른 곳도 아니고, 뒤표지라니? 보통 표지는 그림책 내지가 완성된 뒤 작업할 때가 많다. 내지 폰트, 글과 그림 위치 등 혼신의 마감을 한 디자이너가 마지막으로 더하는 작업이 있다. 표지를 작가가 그린 아름다운 그림으로 온전히 채우고 싶지만, 추천사와 책 홍보 문구, 바코드를 포함한 ISBN과 안전마크까지 꽉꽉 담아야 한다. 피할 수 없으면 즐기라고 했던가. 꼭 넣어야 한다면, 어떻게 할까? 이런 사소하지만, 특별한 고민이 더해져 세상에 하나뿐인 바코드가 등장한다. 물론 평범한 바코드라고 정성이 없는 건 아니지만, 알면 더 재밌는 바코드를 찾아보자. 읽다 보면 반드시 다른 그림책도 확인해 보고 싶을 거라 장담한다.

바코드만 봐도 상상되는 내용

우크라이나 콤비 작가 로마나 로마니신과 안드리 레시브는 《크게 작게 소곤소곤》,《나는 본다》,《움직이다》에서 인류 역사 속 예술, 과학, 역사, 물리 등을 재해석해 일상에서 당연히 생각했던 '감각'을 낯설게 바라보는 작품을 출간하고 있다. 2018년부터 책의 주제에 맞춰 듣고, 보고, 움직이는 바코드가 등장했다. 바코드만 봐도 이 책의 주제가 무언지 한눈에 짐작할 수 있다. 지식 그림책에서도 예술성이 중요하다고 생각하는 이들이라면 꼭 봐야 하는 시리즈다.

소리가 들려

그림이 움직여 내 귀에 들리는 것 같은 그림책의 바코드는 어떨까? 책 속 가득 흐르는 음악이 넘쳐흘러 바코드까지 닿았으니 아름다운 선율을 따라 살펴보자. 《모두 다 음악》,《피리 부는 아이》,《알록달록 오케스트라》 등 바코드에서 드러나는 소리의 움직임을 보라. 바코드만 봐도 이 책에서 들려줄 선율이 어떨지 기대감에 차오른다.

주인공과 꼭 닮은 바코드

종잡을 수 없는 책 속 주인공의 성격을 그대로 드러내는 바코드도 있다. 애벌레에서 나비까지 변하는 3권 동안 쉴 새 없이 말재간을 뽐내는 주인공은 뒤표지에서도 여전히 수다스럽다.

로스 뷰랙의 《참을성 없는 애벌레》, 《포기가 너무 빠른 나비》, 《하나도 안 졸린 나비》는 어린이에게 끊임없는 웃음을 선사하는 시리즈다. 자기 이야기하는 걸 좋아하는 주인공이 책을 덮는 순간까지 본인 책을 소개하는 것은 물론 말풍선에 바코드까지 넣어 재잘거린다. 미워할 수 없는 이 아이를 어쩜 좋을까. 말풍선 하나로 인물의 성격까지 표현한 한국어판의 매력을 포기할 수 없다.

사랑이 가득 담긴 바코드

보람 작가의 그림책을 좋아한다. 귀여운 인물과 다정한 이야기로 두터운 팬층을 만드는 작가이기도 하지만, 필자가 좋아하는 포인트는 작가의 눈높이다. 무릎을 꿇지 않으면 지나칠 낮은 곳에 있는 어린이들을 같은 눈높이로 마주하는 시선과 진심으로 이들을 응원하는 이야기에 '맞아. 세상은 살 만했지.' 잃어버린 인류애를 충전하게 된다. 보람 작가의 이야기에는 악인이 없다. 각자가 그냥 '나'로만 존재해도 충분한 곳. 비교와 경쟁을 하지 않는 따뜻한 세상이 존재한다. 모두의 시계가 빨라진 듯 앞만 보며 달리라는 사람들 사이에서 찢어질 것 같이 너덜너덜한 날에는 보람 작가의 그림책을 읽는다. 바코드마저 메시지와 연결되거나 인물과 찰떡같은 호흡을 보이는 그림색이라니! 보람 작가의 그림책 가운데 디자이너의 사랑이 듬뿍 담긴 책을 위주로 소개한다. 내용을 몰라도 제목과 비교해 보면 바로 알아차릴 수 있는 직관적이고 귀여운 바코드다.

꼭꼭 숨어라~ 바코드 보일라

관심을 기울이지 않으면 찾기 힘든 바코드도 있다. 길을 걸으며 시선이 머무는 곳에서 찾아낸 위로를 전달하는 《틈만 나면》 바코드 역시 특별하다. 가로로 쭉 뻗은 바코드는 틈새 사이에서 피어나는 희망 같기도, 독자와 작가가 함께 걷는 길처럼 보이기도, 잠시 앉아서 쉬고 싶은 벤치처럼도 보인다. 책장에서 꺼낼 때마다 어떤 장면으로 보일지 내 마음의 날씨에 따라 달라지지 않을까.

《빛을 찾아서》 역시 바코드를 찾으려면 한참 바라봐야 한다. 표지 여기저기에 시선을 두다 그림책 내용을 곱씹는다. 외로운 도시에서 빛을 찾아 떠난 인물에게 나를 대입해 '난 내가 가는 빛의 방향을 알고 있나?', '내가 따라가고 있는 빛은 진정 내가 가고 싶은 곳이 맞을까.' 생각에 빠진다. 선보이는 작품마다 독자가 사유할 공간을 재기발랄하게 담아내는 박현민 작가는 《빛을 찾아서》에서는 아름다운 색채로 시선을 사로잡는다. 어두운 새벽의 군청색과 야경과 햇살을 담은 금, 은색의 서늘함에 빠져보길 바란다.

티라노와 사랑에 빠져 세상 모든 게 티라노로 보이는 아이와 아이를 위해 생일 파티를 준비하는 엄마의 귀여운 대화가 담긴 《내 사랑 티라노》. 이 책 역시 무심히 넘기면 바코드를 찾기 어렵다. 생일 파티를 위해 열심히 풍선을 부는 엄마의 멋진 패션 속에 정답이 있다. 이런 유머 감각이라니!

2007년에 나온 《조르주의 마법 공원》을 볼 때마다 짧지만 재미난 딴생각에 빠진다. '서점에서 이 책을 계산할 때 바코드를 한 번에 찾을 수 있을까? 당황하면 여기라고 알려줘야 할까? 한 번에 바코드를 찍을 수도 있겠지?'라고 말이다. 새벽 4시 25분에서 다음 날 새벽 4시 1분까지 알베르 공원에서 일어나는 마법 같은 이야기를 들려주는 커다란 그림책은 장을 넘길 때마다 독자를 신비로운 세계로 초대한다. 글자 양과 책의 크기에 압도되어 지레 겁먹지 않길. 아이와 함께 공원에서 인형으로 변한 이들의 상상 속에서 맘껏 유영하길 바란다.

마음의 양식이라더니

책이 마음의 양식이라더니 바코드까지 맛있는 그림책이 있다. 가족끼리 나누는 사랑, 관심, 생일 케이크의 의미와 가치를 맘껏 가득 채운 그림책 《우리가 케이크를 먹는 방법》, 냉면의 유래를 유쾌한 상상력으로 담은 그림책 《호랭면》, 냉장고 속 음식들의 좌충우돌 모험을 담은 〈꽁꽁꽁〉 시리즈 그림책까지 바코드를 찾다 보면 웃음이 나온다. 책에 담긴 음식처럼 맛깔난 바코드는 어떤 모습일까?

이 밖에도 탈 것이 된 바코드. 이야기의 배경인 가게 간판에 들어간 바코드. 작가의 그림과 어우러져 멋진 디자인 요소로 들어간 바코드. 강아지, 고양이, 물고기 등 이야기에 등장한 인물로 표현한 바코드 등 한 번 눈에 띈 순간부터 그림책만 보면 자꾸 바코드가 보인다. 처음에는 관심조차 없던 사소한 부분이 어느 순간 가장 큰 매력으로 보일 때가 있다. 한 번 빠지면 헤어 나올 수 없이 깊어져만 간다. 2019년부터 그림책 물성 기사를 쓰고 있는 필자처럼 말이다.

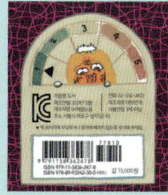  

〈라키비움J 핑크〉(5호, 2021년 발간)의 바코드는 작은 새 꼬리다. 이 잡지를 펼치면 가장 먼저 나오는 내지에는 늘 라키비움J 뜻풀이가 있다. "라키비움 Larchiveum은 도서관(Library) + 기록관(Archive) + 박물관(Museum)이다. J는 여행(Journey)이기도 하고, 폴짝 뛰어오르는 것(Jump)이기도 하다. 기쁨이 넘치는 것(Joyful)이며 동시에 저널(Journal)이다. 작은 새(Jay)이기도 하며 제이(提耳)는 '명사. 귀에 입을 가까이하고 말함. 또는 친절하게 가르치거나 타이름'이다. 그리고 제2. 첫 번째보다 더 설레는, 제2이다. 〈라키비움J〉는 당신과 그림책 세상을 연결하는(Join) 독자 기반 그림책 잡지이다."

〈라키비움J 블루〉의 기사가 당신의 마음에서 즐거이 행복을 지저귀는 작은 새가 되길 바란다. 함께 설레며 같이 연결되어 나와 당신이, 우리 아이들이 기쁨에 넘쳐 폴짝 뛰어오르는 재미가 넘치는 세상이 되길 꿈꾼다.

QUIZ

사과가 그려진 그림책의 바코드는 먹는 사과일까? 용서를 비는 사과일까? 책 제목을 힌트로 주자면! 《사과는 이렇게 하는 거야》 데이비드 라로셀 글, 마이크 우누트카 그림, 이다랑 옮김, 제이픽

라키비움J 일러스트레이터의 벽

최현주
이메일 bbiyaky@naver.com
인스타그램 @norang_b
쓰고 그린 책, 《일부러 기르고 있으니까》
《맙소사! 오늘부터?》 등

일러스트레이터의 벽에 그림을 소개할 작가님을 모집합니다

◆ **모집 기간**: 2024년 7월 2일~8월 31일
◆ **신청 방법**: 아래 이메일로 본인이 작업한 일러스트 3점과 작업물 아카이빙 sns 주소, 이름과 연락처를 보내주세요. 선정된 작가님께는 9월 중 개별 연락드립니다.
◆ **이메일**: books_ripening@naver.com

 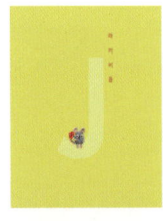  
  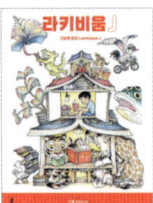 

다른 라키를 만들 땐 그림책을 읽었는데, 블루를 만들면서는 나 자신을 가장 많이 읽었다.
발행인 전은주

올 여름 라키의 블루는 꿈과 사랑, 즐거움이 가득한 세상이다. 과정 내내 '무언가 꿈꾸어 오던 것들'이 실제로 이루어지는 멋진 경험을 하였다. 편집팀의 응원과 열정 덕분이다. 인터뷰 일정 내내 믿음과 진심을 보여준 차호윤 작가님과 시드니 스미스 작가님께 특별히 고마움을 전한다. 기자가 느낀 성덕의 기쁨이 독자에게 꼭 전해지길.
기자 오현수

이번 라키를 읽는 분들이 세상에는 이토록 많고 많은 블루가 있다는 걸 알았으면 좋겠다. 그리고 많고 많은 블루가 독자들에게 위로가 되었으면 한다. 슬픔의 블루가 아닌, 기쁨과 행복의 블루가 독자들에게 가닿기를.
기자 이미리

빨강, 노랑, 민트, 보라, 핑크, 롤리팝, 다홍, 블루. 라키가 있었기에 내 삶이 이토록 다채롭게 성장했다. 라키를 한 번이라도 만났던 분 역시 그 순간이 아름다웠기를. 블루로 새 옷을 입은 라키가 여러분의 마음에 잘 다가가길 바란다. 특히 새 편집팀의 열정과 노력 덕분에 아름다운 블루가 나올 수 있었다. 이 자리를 빌어 고마운 마음 한가득 보낸다.
기자 이시내

우리의 '랩소디 인 블루'를 읽고, 보고, 만지고, 듣고, 맛보시길. 그리고 '그대 안의 블루'도 발견하는 시간이 되길.
기자 하예라

그림책과 파랑, 그리고 즐거움이 가득한 나날이었다. 마음 가득 담아 만든 라키가 부디 모두에게 다정하고 시원한 여름을 선물하길.
편집자 임서연

재미나고 아름다운 그림책 이야기로 한가득 채웠으니, '그림책만큼(보다) 더 아름답고, 더 재미있어요!'라고 자신 있게 말할 수 있도록 만들고 싶었다. 파란 그림책 세상이 오래도록 기억에 남을 여행지였기를.
편집장 표유진